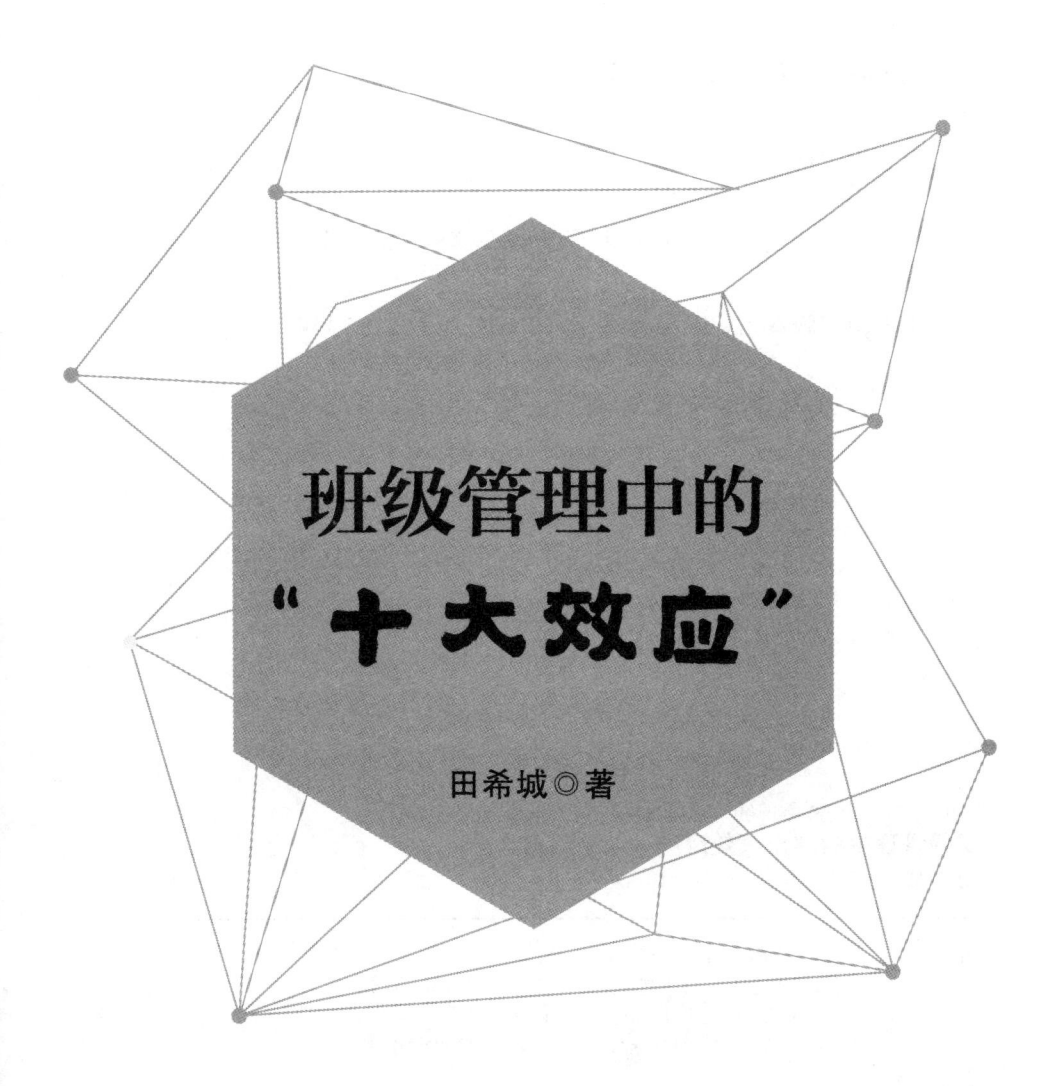

班级管理中的"十大效应"

田希城 ◎ 著

图书在版编目（CIP）数据

班级管理中的"十大效应"/田希城著．—福州：福建教育出版社，2023.9
ISBN 978-7-5334-9679-1

Ⅰ.①班…　Ⅱ.①田…　Ⅲ.①班级－学校管理　Ⅳ.①G424.21

中国国家版本馆 CIP 数据核字（2023）第 099185 号

Banji Guanli Zhong De "Shida Xiaoying"
班级管理中的"十大效应"
田希城　著

出版发行	福建教育出版社
	（福州市梦山路 27 号　邮编：350025　网址：www.fep.com.cn
	编辑部电话：0591-83779615　83726908
	发行部电话：0591-83721876　87115073　010-62024758）
出 版 人	江金辉
印　　刷	福建新华联合印务集团有限公司
	（福州市晋安区福兴大道 42 号　邮编：350014）
开　　本	710 毫米×1000 毫米　1/16
印　　张	12.25
字　　数	169 千字
版　　次	2023 年 9 月第 1 版　2023 年 9 月第 1 次印刷
书　　号	ISBN 978-7-5334-9679-1
定　　价	33.00 元

如发现本书印装质量问题，请向本社出版科（电话：0591-83726019）调换。

目 录

序1　没有比脚更长的路/郑立平 … 01
序2　教育，需要慢慢做/王福平 … 06

效应一　广告效应——做好宣传 … 1
　　为任课教师做广告 … 3
　　为易错字代言 … 5
　　为"理财"做广告 … 7
　　座位拍卖后的温馨提示 … 9
　　给带过的班做广告 … 12
　　请优秀毕业生介绍学习经验 … 14
　　为学生做广告 … 16

效应二　阿尔巴德定理——抓好需求 … 19
　　帮助同学写"吐槽" … 21
　　制造需求 … 23
　　元旦前清理"罚单" … 25
　　座位拍卖 … 28

　　　　　做额外劳动赚班币 … 30
　　　　　"减免"作业 … 32
　　　　　到办公室补作业 … 34

效应三　二八定律——抓住关键 … 37
　　　　　抓好后进生 … 39
　　　　　解决"小团体" … 41
　　　　　抓好刚到校时间 … 43
　　　　　养成读书习惯 … 45
　　　　　弥补学习缺项 … 46
　　　　　控制一开始的纪律 … 48
　　　　　制止起哄 … 50

效应四　棘轮效应——严格要求 … 53
　　　　　重新轮值 … 55
　　　　　规范交易行为 … 57
　　　　　禁止课间打篮球 … 59
　　　　　立刻订正 … 62
　　　　　帮他树立自信 … 64
　　　　　整顿路队 … 67
　　　　　按时完成值日 … 70
　　　　　聘任"行长" … 72

效应五　马蝇效应——驱动个体 … 75
　　　　　哄哄他 … 77
　　　　　请他帮忙 … 80
　　　　　帮同学听写 … 82

　　　　问问题 … 84
　　　　"公司"的新业务 … 86
　　　　同学的监督 … 88
　　　　告知家长 … 90
　　　　班级扣分与个人班币挂钩 … 92

效应六　鲶鱼效应——激活群体 … 95
　　　　制造"鲶鱼" … 97
　　　　收"精英队"作业 … 98
　　　　语文复习群里的优等生 … 101
　　　　听写对抗赛 … 103
　　　　激活作业拼团 … 106
　　　　营造学习氛围 … 108

效应七　配套效应——行为匹配 … 111
　　　　走廊廊长 … 113
　　　　字如其人 … 115
　　　　优秀班级 … 117
　　　　学霸的标准 … 120
　　　　作业拼多多的质量 … 122
　　　　合格学生的标配 … 124

效应八　沃尔森法则——获取信息 … 127
　　　　向任课教师了解情况 … 129
　　　　在交往中了解家长 … 131
　　　　"剧透"考试题 … 133
　　　　关注班级量化 … 136

　　　　　　分享"致富"信息 … 138

　　　　　　管理手机 … 140

效应九　快鱼法则——快速解决问题 … 143

　　　　　　文字的力量 … 145

　　　　　　面批作业 … 147

　　　　　　及时表扬 … 148

　　　　　　处理打架事件 … 151

　　　　　　解决卫生问题 … 153

　　　　　　激励学生读书 … 154

　　　　　　晨读比赛 … 157

效应十　霍桑效应——关注后进生 … 159

　　　　　　从举手开始 … 161

　　　　　　采纳学生的鬼点子 … 163

　　　　　　无底线发表 … 165

　　　　　　用日记与他交流 … 167

　　　　　　孩子，你慢慢来 … 169

　　　　　　发表扬信 … 172

　　　　　　奖励进步学生 … 174

后记　在一间教室里，折腾 … 178

序 1

没有比脚更长的路

认识田老师，是很久之前的事了。那时他和我的学生徐晓彤同在滨州工作。淡淡的印象中，田老师话不多，朴实而谦虚；只有谈到他的"奇迹班"，他才像变了个人似的，侃侃而谈，满心的喜悦，满脸掩藏不住的幸福。不过，这笑容也很快定格成记忆。

因为工作忙等原因，十几年没有再到当初他工作的学校，当然，喜欢安静思考的他也不会主动联系我。所以，就更没有田老师的消息。我们爱的人和事物就这样静静地各自安好，各自生长。

近日，忽然接到田老师的留言，让我给他的新书写序。为爱学习、有情怀的青年教师喝彩，帮助和引领他们爱上教育，走上专业发展之路，创造和享受教育的幸福，是我十五年前的承诺，一直未忘，也一生不改。但是，毕竟联系太少，记忆里只能捕捉出上面描述的模糊的影子。可是，当我得知这是田老师的第二本专著时，不禁惊讶起来；当利用多个夜晚，认认真真地阅读完毕书稿，就更多了些满满的感动，深深的敬佩：这个青年教师了不起！

（一）扎根教室，拔节生长

每一个结出硕果的优秀教师，一定都是有心人。据了解，从上大学起，田老师便以文字丰盈自我，阅读了大量的教育专著，为走上工作岗位打下了坚实的基础。他是一位热爱学习的教师，专业阅读为他丰富的实践提供了理论支持与指引，也使他具有了更敏锐的洞察与更深刻的见解。他基于问题进行思考，进行主题阅读，不断解决班级工作中的问题，在解决问题中拔节生长，成就了学生，也成就了自己。厚积者，必薄发。所以，读他的班级故事、班级叙事，从生动活泼的生活场景中，竟然能读出太多厚重与哲理。这也与田老师平常的学习积累有很大关系。

他认为班级管理重在激励和鼓舞学生，于是在班级中采用经济学的方式对学生进行激励和鼓舞，比如创建班级银行、发行班币等等，形成了一套完整的班级激励系统（《班级管理中的"经济学"》已出版）。这样的创新举措，不仅大大激发了学生在学习、活动、劳动等各方面的积极性，更重要的是还给了孩子们好玩、灵动、妙趣横生的学习生活。每接一个班，他都用这样的思维对学生进行激励。

渐渐地，田老师在班级管理方面，有了自己的管理系统，并构建了班级管理框架。人生的许多时候，就是选一个点，走进去，走下去，走到深处，就会发现风景，而走到深处，"我们"自身也将渐渐化为风景。在学生教育中，这时的班级管理也就从物理学意义、社会学意义、心理学意义上，进入了教育学意义、精神学意义上的班级，实现了班级和教育的层级跨越、共同发展。

（二）跨界融合，拓展思路

所有的班级管理措施都不是完美无缺的，或多或少存在着问题和缺陷。自然，经济学方式管理班级，这种模式，也存在着不足。为了解决用经济学方式管理班级的缺陷，工作勤恳的田老师开始阅读关于经济学的书，在阅读过程中发现经济学效应与生活中的许多现象密切相关。比如，当 A 听 B 说在某个商店买了一件好看的衣服时，A 也会去购买一件。这就是经济学中的广告效应。再如，当一个地方的消费水平提高之后，要想降下去就很难。这就是经济学中的棘轮效应。这些现象很好玩，也很有趣。他发现班级中出现的一些现象，也跟经济学效应有密切关系。

2020 年田老师接手了五年级二班，他继续用经济学方式来管理班级，同时也开始尝试着用经济学效应来解决班级管理中出现的解决不了的问题。经过两年的探索，总结出了班级管理中的"十大效应"。因为有些效应，既属于经济学范畴，又属于心理学范畴，所以命名为《班级管理中的"十大效应"》。

有心的教育者就是这样，永远不会甘于平庸，总是有使不完的劲，有用不完的金点子，每一天都会给自己和学生带来惊喜。

（三）方法巧妙，特色凸显

在写本序之前，我不仅认真地阅读了田老师的书稿，而且读了多遍。书中展现出田老师奇特的思维方式，彰显了田老师别具一格的班级管理方略。

管理的角度与众不同。在进行班级管理时，不管是面向班级整体，还是关注后进学生，都基于教育的悲悯之心，而又善于从经济学、心理学效应的角度，将其与班级管理有机融合，探索出相关策略，解决班级中出现的问题。

管理的理念与众不同。这也是我特别欣赏田老师的重要原因。他的班级管理理念摒弃了过去那种管控的思维，重在激励、唤醒和鼓舞。无论对班级整体，还是个别学生甚至后进学生，都尽可能找到种合适的培养方案，对学生进行激励和鼓舞。

管理方式与众不同。从经济学、心理学效应中提炼出相应的管理方式，针对出现的问题进行管理。管理利用二八定律，通过抓住事情关键，解决"小团体"问题、控制课堂纪律、制止课堂起哄等；利用马蝇效应，驱动学生个体努力学习、遵守纪律等；利用鲶鱼效应，通过激活群体的积极性，来收学生作业、营造学习氛围等；利用霍桑效应，通过关注、表扬等措施，改变了一个又一个后进生，激活了一个又一个生命。

这本书叙事的方式也与众不同。他将班级管理的方法与技巧融在一个个真实的班级故事之中，向读者娓娓道来。让人读起来，既通俗易懂，又能从中获取有价值的班级管理方法和技巧。

从真实的生活中生长出来的东西，总是格外新奇而洋溢着生命的芬芳。这本书，的确值得期待，值得反复读，深入读。年轻教师可以从本书获得班级管理的方法与技巧，轻松带班；有经验的教师可以从书中汲取班级管理的智慧，智慧带班。一般家长或学生读一读，也往往会被其中的故事所吸引，被其中的人物所感动。

散文大师林清玄有一篇优美的文章，叫《心田上的百合花》。其中有这样一句："我要默默地开花，以花证明自己！不管别人怎么看我，我都要开出最美丽的花！"我期待更多的教师，像田老师一样，以毛尖草的坚韧与毅力，寂寞与坚守，十年磨一剑，焕发出幽香，默默开出属于自己的生命之花！

（四）心中的呐喊，教育的誓言

当完成稿子时，已经是深夜。可是，不知怎么，却睡意全无。眼前浮现的是田老师，是田老师和学生的故事，是田老师与学生的生命成长……脑海里星光闪烁，生机盎然。

不觉，我想起汪国真先生的那首诗：

  呼喊是爆发的沉默

  沉默是无声的召唤

  不论激越还是宁静

  我祈求只要不是平淡

如果远方呼喊我

我就走向远方

如果大山召唤我

我就走向大山

双脚磨破

干脆再让夕阳涂抹小路

双手划烂

索性就让荆棘变成杜鹃

没有比脚更长的路

没有比人更高的山

郑立平

（广州黄外翰林实验学校校长、知名德育专家、正高级教师、特级教师）

2023 年 6 月 18 日

序 2

教育，需要慢慢做

当今社会，任何事物都在提速。网络提速，有了 5G，实现了大数据流量传输；火车提速，有了高铁，上百公里的路程，一两个小时就能到达；快递提速，有了"当日达"或"次日达"，使物品能快速而新鲜地运到目的地……提速，给人们的生活带来了便利，为人们节约了时间成本，提高了人们的生活效率，推动了社会的发展。由此看来，提速是好事，社会中的种种事物，都应提速。可是，唯独教育却不能提速，也不应提速，因为教育是慢的艺术，快不得，需要慢慢做；因为教育是培育人的事业，要遵循人的成长规律，急不得，需要慢慢做。

慢慢做教育，首先教师要使自己能静下来。班主任作为班级的管理者，要学会从各种繁琐的事务中静下来，沉浸到班级中，走到学生中间，去发现班级的问题，思考班级的问题，用智慧去解决班级的问题。只有这样，才能管理好班级，才能做出真教育。

做真教育，就是要班主任沉静下来与学生对话。现在每位班主任都很忙，从一上班开始，就忙得前脚不着后脚，忙得没时间与学生对话和交流，忙得没时间去倾听学生的声音，忙得没时间观察学生的一言一行。真正的教育是在师生间的对话中产生。田老师书中的每个案例，都有他与学生间的对话和交流，在对话中发现问题，在交流中解决问题。

做真教育，就是要班主任沉静下来思考问题。定能生静，静能生慧。田老师在书中所写到的班级管理问题，都是他在日常班级管理过程中遇到的问题，比如中途接班的问题、调位的问题、学生不交作业的问题、学生沉迷于手机的问题、学生打架的问题、课堂纪律的问题、不按时打扫卫生的问题、后进生转化的问题等等。这些问题，在任何班级中都会出现，任何一位班主任都能遇到。有的班主任遇到这些问题后，忽略了；有的班主任遇到这些问题后，只是采用简单的惩罚措施解决了……很少有班主任去动脑筋思考是否有更巧妙的解决办法。可喜的是，田老师面对这些班级问题，没有忽略掉，没有采用简单的惩戒措施，而是去思考、去研究，于是运用了广告效应、阿尔巴德定理、二八定律等一些非常规的解决方法，这些看似与班级管理不搭边的经济学、心理学效应，却有效地帮助田老师巧妙地解决了班级管理中的问题。教育的智慧往往是在教师的安静思考中产生。当班级出现问题时，班主任要多思考、多研究，要多追问几个为什么，比如为什么会产生这样的问题，学生内心的想法是什么等等，然后再去想最优的解决问题的办法。

做真教育，需要班主任老师静下心来进行跨界阅读，借鉴教育界以外的管理文化创新班级管理的做法。教师不但要教学生读书，而且自己也要多读书，读大量的书。教师不但要读专业的书，比如心理学、教育学等，还要读与本学科教学有关的书，更要读一点与教育教学无关的书，比如管理类的、经济学类的等等。这些书，看似与自己的职业无关，却在一定程度上能给我们的班级管理带来一些启发。田老师书中提到的"十大效应"，比如棘轮效应、鲶鱼效应、马蝇效应等，在教育学、心理学等专业书籍中没有专门章节涉及，在班级管理类的教材中没有，而是在一些经济学、心理学读物中出现过。如果田老师不读这样的书，他也不会想到用经济学、心理学效应来管理班级。

总之，班主任要静下心来，多读书、多思考、多与学生交流。教育如煲汤，快不得，急不得，慢慢来。

滨城区第六小学校长：王福平

2023 年 6 月

效应一　广告效应——做好宣传

>　　广告效应，是指广告作品通过广告媒体传播之后所产生的作用。从广告的性质来看，它是一种投入与产出的过程，最终的目的是为了促进和扩大其产品的销售，实现企业的盈利和发展。
>
>　　——《每天学点经济学 2：改变一生的 66 个经济学定律》

　　大街小巷，都有广告牌。车身上有广告，电梯内有广告，电视上有广告，网站上也有广告……总之，生活中处处充满着广告。一个产品的广告，今天你看了，不一定想买该产品，甚至还会讨厌，也许第二天看了，就不再那么讨厌……看的时间长了，就有要购买的冲动。

　　这就是广告的力量。

　　广告，能增加产品的销量，许多企业斥巨资打广告。1995 年孔府宴酒成为央视标王后，销量猛增。广告，能塑造良好的企业形象。蒙牛创业之初，还没有生产出产品时，就已经花巨资打造了广告，为蒙牛树立形象。

　　这就是广告的力量。

　　同样，一个班级要管理好，也要学会做广告。作为班主任要学会给搭班的老师做广告，让家长信服，更让学生信服。

为任课教师做广告

每一位家长都希望孩子上学期间不要更换老师，一来学生对老师的教学风格已经习惯，二来家长与老师已比较熟悉，交流起来更加方便，这样彼此都不需要重新适应。但是，因为各种原因比如有女老师休产假、有的老师身体不好等，学校不得不对老师进行调换。新换的老师，要完全接手这个班级，需要一定时间与学生、家长相互磨合、适应，要让家长、学生信服，老师要学会利用以前带的班级给自己做广告，树立威信，学会给搭班老师做广告。

我中途接手的这个班，语文、数学任课教师都换了。我教这个班的语文兼班主任，赵老师教数学。语文、数学这是主要学科，家长最在意，一换，家长肯定都很有意见。为了能赢得各位家长的信任，开学在即，我一入班级微信群，就发了这样一个自我介绍：

各位家长：

大家好！

邱老师因为工作的原因，调到了其他学校。从今天开始就由我来担任这个班的语文老师和班主任。我工作十余年：2009年—2010年，在村小任教一年；2010年—2012年，第一届奇迹班；2012年—2014年，第二届奇迹班；2014年—2019年小种子教室、幼苗班；2019年—2020年重庆奉节支教一年。我有着丰富的教学经验和班级管理经验，先后荣获滨城区名班主任、教学能手等荣誉称号，去年到重庆市奉节县支教一年，支教期间，挂职小学语文教研员指导全县语文教学工作。我最看重的不是官方的评价，而是家长对我的评价：你的出现让雯雯进步很大；孩子对语文越来越感兴趣了，作文也提高了不少……我看中的还有学生对我的评价：田老师能让原本枯燥的、无聊的课堂变得生动有趣；田老师让我的语文从七十多提高到八十多分……今年我刚结束支教，就接手了咱们这个班。看来，我和咱们班的学生、家长很有缘。

在介绍中，我重点突出了自己的工作年限以及工作经历，这是自己在群里给自己做的一个小广告。这个广告，没有任何浮夸，给家长留下一个经验丰富的教师印象，以期取得家长的信任和支持。

由于换了数学老师，我在班级微信群里也给数学老师做了一个广告：

各位家长：

咱们班的数学赵老师是一位教学经验十分丰富的老教师，对学生认真负责，不管数学成绩多么差的班，到了她的手里都能考出好成绩。

两则广告一出，迎来了家长们的热烈欢迎。家长期待什么样的老师？无非就是教学经验丰富、认真负责、班级管理能力强。

接下来，家长与我们配合十分默契。只要是我们让家长配合教育孩子的，家长没有一个有怨言；不管是自己孩子在班里出现什么问题，家长首先从自身找原因。班级成绩也在一点点进步。果不其然，经过一个学期的努力，这个班的语文和数学成绩都有了很明显的提高。

我不但在家长面前给老师做广告，而且在学生面前也给老师做广告。

自从下学期体育课换了体育老师后，学生对体育课越来越讨厌。在日记中纷纷写对体育课的各种厌烦——上体育课累死人，写对体育老师的不满——简直要把我们折磨死……

以前，上体育课，集体活动完后，老师大都是让学生带上器械自由活动，男生踢足球、打篮球，女生则三个一伙五个一群地围着操场溜达。学生很喜欢这样的体育课，体育课成了他们的休闲课。可是这一学期呢，在体育课上，新的体育老师教学生各种活动项目，比如跳绳、跑步、踢球等，并且还要练习队列队形，当堂检测，运动量很大，没有给他们一点儿自由活动的时间，学生有点不适应。

看到学生的各种抱怨后，我跟他们说："我们班的体育老师毕业于南京师范大学体育专业，是一位研究生，在体育教学上很有研究，并且在各种比赛中获过奖，有研究生级别的老师教你们体育，你们应该感到荣幸才是。目前，我们这里正在大量引进研究生、博士生等高端人才，助力我们的经济发展。你们拥有这样一位优秀的体育老师，是何等的幸运。在体育老师的帮助下，你们的身体一定会很棒，你们也一定会学到很多运动技能。"

自从给体育老师做了广告后，学生没有了抱怨，也没有了厌烦，体育也成了一门他们喜欢的学科。

为易错字代言

"今天晚上的作业，抄写古诗词三首。"这项作业如此简单，可是第二天交上作业来一看，全班居然有超过一半的作业中出现了错别字。

"抄写1到14课的词语表。"这已经是第n次布置这样的抄写作业了。结果，周一交上来，又有很多学生在作业中出现了错字。

为了纠正学生的错别字，每个晨读我都会让学生听写，听写完当场订正。为了纠正学生的错别字，我把学生写错的字，单独拿出来用字理的方式讲为什么是这个偏旁而不是那一个偏旁。结果呢，在考试中，学生仍旧出错。看来，这些汉字没有走入学生的内心。

有的公司为了推销自己的产品，会找明星代言，也就是做广告，一做广告，产品就卖出去了，并且卖得很好。有的产品，因为没有找明星代言，即使商品质量再好，销量也不如找明星代言的卖得多。因为找明星代言的商品借助明星的影响力，容易走入消费者的内心，得到消费者的认可。同样，这些容易出错的汉字，也需要走入学生的内心。

我发现学生写错的那些字，永远就是那几个字。我把这些字整理了一下，找学生为它们代言，也就是做广告。

语文课上，我跟学生讲："我从同学们的作业中、测试中，发现经常写错的，就是那几个字。为了纠正这些汉字，从今天开始呢，我们要从班里选几个同学为容易写错的字代言。"

学生，你瞧我，我瞧你，似乎有点不可思议——什么？我们能给易错的字代言？

"'洒脱'的'洒'写错的请举手。"杨依荨、刘瑞泽、贾炜宸等举起了手。

"刘瑞泽，你为'洒'代言。"

"'迷蒙'的'蒙'写错的请举手。"这下举手的多了，杨逸轩、贾炜宸、郭子涵、刘瑞泽、孙凤鸣、李思瀚等。

"杨依荨，你为'蒙'代言。"

……

怎么代言呢？我跟学生讲，为易错字代言的同学要做两件事。一件是把易错字写在A4纸上，另一件是在语文课上，走到讲台讲一讲这个字。比如刘瑞泽为"洒"代言，他就可以走上讲台说，我是"洒"的代言人，然后讲一讲这个字怎么写，应该注意什么地方，一边讲一边在黑板上写，最后把提前写在A4纸上的"洒"字，贴在黑板上。

被代言的第一个字是"洒"。刘瑞泽走上台为"洒"代言："大家好，我是'洒'字的代言人。这是我经常写错的一个字。跟我一样曾经写错过的，请举手。"

有五六个学生举起了手。

他接着讲："这个字我们可以采用加一加的方法记住它，是'三点水'加'西'。这个字容易出错的地方是把'西'写成'酉'，把'洒'写成'酒'。"他在黑板上写着。

他说："为了区别'洒'与'酒'我还编了一个顺口溜——三水西读作'洒'，三水酉读作'酒'。当你在写'洒'的时候，请你念一念这个顺口溜，就能帮助你写对了。"

写完后，他把自己写在 A4 纸上的、大大的"洒"贴在了黑板上。学生上课，能看到这个字；学生下课，也能看到这个字。看到的次数多了也就记住了这个字。

这就是广告的效应，重复的次数多了，也就深入内心了。有如电视广告"恒源祥，羊羊羊""今年过节不收礼，收礼只收脑白金"，几乎每天都能看到，虽然令人讨厌，但是他们的销量却很好。

第二天，在进行新字代言前，我把刘瑞泽请上台，给同学们听写"洒脱"。

每节课一个字，每个字都采用同样的流程。

在为易错字寻找代言人时，我特意寻找那些经常写错字的学生。通过易错字代言活动，促使他们思考这个字，让他们在讲解过程中，记住这个字的写法。同时，经过他们的讲解、练习等，其他学生也能把这个字的正确写法记在自己的头脑中。

为"理财"做广告

语文期末试题大体分三部分，第一部分基础知识，第二部分阅读理解，第三部分作文。从上学期的期末考试来看，班里大部分学生在阅读理解方面，得分最低。学生要在阅读题上得分，短期内最凑效的办法就是练习。为了帮助学生提高阅读分数，我在班里开展了"短期理财业务"（一周一期）——一天做一篇阅读题，目的是让学生通过做适当的阅读题来提高阅读理解部分的得分率。

"'阅读理财'活动，自愿报名，报名者需要交 10 个班币，能够每天做一篇阅读，连续做 7 天即可完成理财任务，完成理财任务的，返还 10 个班币，同时还会额外获得 10 个班币的报酬。坚持做下去，你就能提高做阅读题的能力，还能增加自己的班币收入。如果遇到不会的题，可以问我。"我在班里对学生说。

第一期报名的学生很多，有十来个。他们自己购买或者打印阅读题，每天做一篇。我要求他们，下午上课前自己交到讲台上来，我给他们批阅。

小学生一般有个通病，喜欢玩，玩着玩着什么都忘了。阅读理财活动，才开始的两三天，学生还有新鲜感，能够及时完成。时间久了，个别学生，开始出现忘记的情况。

每天上午晨读前，下午午读前，班里有轮值班委反馈学生的每天表现。轮值班委的反馈，需要一个主持人，我选择了学过口才的李思瀚。我要求他在主持时，加入对参与"理财"同学的温馨提示。上午的温馨提示是："温馨提示，参与'理财'的同学，请及时完成'理财'任务。阅读'理财'，可以提高你的阅读力。"听到温馨提示后，那些没有完成任务的同学，就会忽然想起，他们会利用课间时间去做。

下午的温馨提示是："温馨提示，参与'理财'的同学，请记得把阅读题交上。阅读'理财'，能帮你获得更多的班币。"没交的学生，在轮值班委反馈完毕后，会主动上交。

每个半天提醒一次，这个频率正合适。学生没做时一提醒，想起来，马上做。学生忘交时一提醒，想起来，马上交。

"理财"进行一个月后，我翻看赵君昊的练习册，看到他做了 39 篇，已经做了不少。我问赵君昊："通过做阅读题，你有什么感受？"

他说："做题的速度比以前快了很多。"

坚持参与阅读"理财"的还有马秋雯。我走到她身边问："你做了这么久的阅读理解，有什么感觉。"

她说："我做题的正确率比以前提高了不少，我写的答案，已经跟正确答案十分接近了。"

我们在购买东西时，往往先问买过的人质量如何；在网购时，往往先看商品下面的评论……好评多就买，好评少就不买。他人的评论其实就是一种广告。

他俩的感觉，不就正是我所要看到的阅读"理财"效果吗？于是决定让他俩一起给阅读"理财"做做广告，呼吁更多的同学加入进来。

上着语文课，我让所有同学停下手中的作业，把赵君昊叫起来，问他："你现在做了几篇阅读理解？"

他站起来自豪地说："39篇。"

"做完这39篇，有什么感觉？"

他高兴地说："做题速度比以前快了。"

"这就像你们在体育课上练习跑步一样，多练习跑步，就能跑快。做题速度快了，就能提高做试卷的速度。"

"在咱们班，通过做阅读题见到效果，还有一位同学，马秋雯。"她站了起来。

我问她："通过做阅读，你有什么感觉？"

她不紧不慢地说："以前做阅读题光出错，现在正确率提高了很多。"

我说："多做题，就能提高答题的正确率。这就像你家长开车一样，刚学会开车过很窄的地方，可能不敢过，怕把车给划了，可是熟练了，就能正常地过去。"

让学生现场说说自己在做题中取得的效果，要比老师讲做题的效果强数百倍。

座位拍卖后的温馨提示

每一学期，我们班都要举行一次座位拍卖会。座位拍卖会，采用自由选同桌自由选位置的形式，总之，学生想跟谁同桌想坐在哪个位置，由自己说了算，不是老师说了算。要想能够成功竞拍到座位，那就要挣得足够多的班币。

周五，举行座位拍卖。两周前，开始进行座位拍卖的准备工作，让学生先进行座次区域（A区、B区、C区）的自由选择。

周四，开始进行拍卖。从他们填写的区域选择表来看，A区（前两排），毫无竞争，座位16个，参与竞拍的是16人，在没有竞争的情况下，按照最低价也就是起拍价卖给选择该区域的同学。C区（最后两排），人没有报满，一共报了6人。最具竞争力的是B区。B区（中间两排）开始拍卖时，有5人弃权，不参与拍卖，弃权的这些同学，全部落座到C区。也就是说，这场拍卖会，没有任何竞争，以和平的形式解决。

区域拍卖结束后，进入下一个环节——具体座位的拍卖。我先是让学生自己商定具体坐哪里。大部分学生在选择同桌时，都会选择与自己关系不错的同学。姜炎虎和李思瀚在争夺同一个位置，那只能通过竞拍的形式来解决。

那个位置从一开始的5个班币一直竞拍到60个班币，眼看姜炎虎的班币不够了。胡宸宇说："老师，我可以借给他30个班币吗？""可以。"这样姜炎虎有了继续竞拍的资本，最终姜炎虎抵不过李思瀚，那个位置被李思瀚成功竞拍。虽然，他竞拍成功了，但是丝毫没有露出一点笑容。他后悔地说："这个位置太贵了，花了我100个班币啊。"他和胡宸宇做了同桌。姜炎虎和马瑞轩做了同桌。

大家都落座后，我说："这次换位，完全由你们自己做主，同桌是自己选的，位置是自己选的。给了你们最大的自由，让你们这样做的目的不是让你们凑到一块儿说话，而是让你们相互学习，相互竞争，同桌俩比一比，谁上课举手次数多，比一比谁认真听讲，比一比谁的作业完成得好。"

如此调位，肯定会面临这样一种情况，两个关系好的同学在一起，下课玩，上课玩，甚至还会出现上着课说话的情况。这种情况的出现是一种必然。两个关系好的成年人在一起还有聊不完的话题，更何况孩子呢。这肯定会耽误学习，这是不愿看到的情况。

还会出现另一种情况，两个关系好的学生在一起，一起比着学，一起帮助着学，营造出好的学习氛围。这肯定会促进学习，这是期望出现的情况。

为了防止第一种情况的出现，在拍卖会前，我公布了一项规则："我们的座位拍卖会，给了你们最大的选择同桌、选择位置的自由，想跟谁同桌就跟谁同桌，想在哪里就在哪里。给你们最大自由的同时，有一项规则——要遵守课堂纪律，不能在一块儿说话。违反了怎么办？第一次，警告，第二次，个人班币清零，第三次个人回到原位，第四次全班回原位。这项规则是面向大家的，而不是只对个别同学的。"

姜炎虎为了使自己上课不说话，也为了能让大家能在现在的这个座位上多待一段时间，主动要求换个同桌。他说："老师，我跟马瑞轩一起肯定会说话，我想换一个同桌。"大家为他鼓起了掌。

座位拍卖后，大家都拥有了自己的新同桌，很高兴。第一天纪律很好。到了第四天，就开始出现问题了。赵老师对我说："你班这样排座位不行，上数学，光在这里说话，吕思聪和李一茗说，刘旭涵和杨逸轩说……这些说话的都凑到一块儿了。"

看来，我说的规则大家没有遵守。

为了提醒学生，我在全班征集广告语："为了提醒大家上课不说话，现在向同学们征集遵守纪律的广告语。所写的广告语要朗朗上口，还要具有警示作用。"

先让学生自己写，然后让前后四个同学组成一个小组，讨论出一个广告语，再让每个组把广告写到一张纸上，最后投放在大屏幕上，全班阅读，投票选出一个广告语。最终大家选择了刘旭涵他们组写的：规则千万条，闭嘴第一条，若是违反了，全班两行泪。

我要求负责上课纪律的同学，每节课前都要带领大家把这个广告语喊一遍，然后再背诵古诗，等待老师来上课。杨依荨作为本周负责上课纪律的轮值班委，每一节课前都带领大家先喊一遍广告语。

每节课，都这样做。就像电视中的广告一样，定时播出。在每节课前的提醒下，上课的纪律还算不错，没出现太多违纪情况。

给带过的班做广告

班主任中途接班，首先要让学生对这位新班主任产生喜爱之情，对新班主任营造的班级生活产生向往之情，接起班来才顺手。所以，班主任首先要为自己曾经带过的班做个广告，其实也是在为自己做广告。

当我接手一个五年级时，提前把以前班级的特点和学生生活的照片，制作成PPT在开学第一课上进行介绍。

我面对着四十多双充满童真的眼睛，结合着PPT，这样介绍："欢迎你们步入这个曾经创造过和即将创造奇迹的班级！我们这个班级有一个除了具有普通的阿拉伯数字组成的班名——五年级一班外，还有一个独特的名字——奇迹班。"

"奇迹班?"有学生开始纳闷了。

我笑着说："我们的班名来源于一本感动全世界的书籍——《夏洛的网》，故事讲了一只小蜘蛛为了实现自己当初对自己的好朋友——威尔伯的承诺，而创造了生命的奇迹，同时也创造了友谊的奇迹。"讲到这里时，我顺便向同学们推荐了这本书。

我接着说："我们这个班级有着与其他班级不同的地方。有自己的班训：责任、方法与美。拥有着自己的班史——《奇迹班的故事》。这是第一届学生每天写的班级日志。拥有着自己的班刊——《酷乐童年》。"我拿起了《奇迹班的故事》和《酷乐童年》，向同学们展示。

"老师，我们可以看一下吗？"他们对这两本书充满了好奇。

"下课后，我把它们放到教室里，你们随便看。"

我给他们出示，上届学生大课间跳绳的照片、"六一"歌咏比赛的照片、课下追逐打闹的照片，播放同学们过生日的视频……他们看得如痴如醉。

我说："你们是不是非常想了解上一届奇迹班的生活？"

"是。"

我说："你们可以登录班级博客，进行详细地了解。我们来上学不仅仅是要学习知识，还是要来生活的，我们班级的一种共同生活方式是'读、写、思'。每个月，我会向大家推荐一本经典的书籍；每日要写日记，不管字数多少，只要每天写就可以，想写什么就写什么，想怎么写就怎么写，总之就是随心所欲地写；每周要写随笔，写的内容要来源于你的生活；每个学期，我们会思考一个社会问题。在这个班级里每个月的月末还会有一场精彩的电影等着你，你会从中收获到你从书本上学不到的东西。"

以上介绍，是我与以前学生一起做过的事情。但是还有一些事情，没有尝试，期望与这一届学生一起尝试，我说："在这个班级里，还有许多第一届学生没有完成的事情，比如班旗，我们没有制作；班歌，没有谱写；班规，也没有。我期望你们能完成这些他们没完成的事情。来到这间教室，你们会体验到快乐，也会体验到痛苦、遗憾与悲伤。这些都是我们人生中一定会遇到的。我的一个最大的梦想是坚守住一间教室，打造一间有历史的教室；做一位讲故事的人，把我们的故事讲给他人听。"

介绍完毕之后，我给学生们读了上一届学生写给他们的信。通过读学生写给他们的信，他们对我以及这个班级有了更进一步的了解。

我在讲台上津津有味地讲着，学生们在下面安安静静地听着，脑海中浮现着第一届学生的容貌。往日奇迹班学生们生活的照片、视频一一呈现在了新同学面前，他们被这个班级美好而独特的生活所吸引了。好的开始是成功的一半。很快，我与学生们建立了和谐的师生关系、浓厚的友谊，我们班级的管理也很快走上了正轨。

开学一周后，蒋愉晴在自己的日记里写下了这样的一句话："明天又是星期一了，又可以回到奇迹班度过有趣的时光了。"不仅仅是蒋愉晴，还有很多的同学，都期盼着在奇迹班里度日。这个美好的开始，为以后班级良好班风的形成奠定了基础。

请优秀毕业生介绍学习经验

我刚参加工作时教的第一批学生，今年已上大四，明年就毕业。一直与我保持联系的王一鸣同学，就读于西安电子科技大学航空航天专业，现已被报送到中国科学院大学读研。我听到这个消息后非常兴奋。

现在我教的这批学生即将面临期末考试，有的学生很焦虑，有的学生无所事事，有的学生很迷茫不知道该做些什么……我打算请王一鸣同学为他们介绍一下自己的求学经历，介绍一下自己的学习经验。

我用QQ联系了王一鸣："我现在教的这批学生正面临期末考试，明年就要升入初中，有的学生比较焦虑，也有的比较迷茫，你能否抽出一点时间，录制一段视频给他们介绍一下自己的求学经历和学习经验。"

她回复："好的，老师。他们有什么问题，让他们写一写，我给他们解答一下。"

我表扬她："你想得很周到。"

我在教室跟学生说要邀请他们的师姐跟大家分享学习经验时，他们很是兴奋，用心写了自己在生活中、学习上遇到的各种困惑和问题。

没过几天，王一鸣把一个压缩文件发给了我。我打开后，很惊讶，里面有：一个视频、一封信、一个提纲和一份说明。

王一鸣解释说:"因为我们这里疫情比较严重,我们都在宿舍隔离,录制的条件不是很好。我给学弟学妹们写了一封信,可能比较长,他们如果没有时间看的话,可以看一看我给他们写的提纲。"

我被她细心周到的考虑感动。

下午班会,我给他们播放了这段视频:

各位学弟学妹们,大家好!我是五中2012届的毕业生王一鸣,也是第一届奇迹班的成员之一。听田老师说,你们面临考试压力比较大,让我录制一段视频给你们加油鼓劲。……说起奇迹班那是十年前了,给大家透露一点小秘密,其实十年前田老师还没有现在这么帅呢。那时候,他看上去非常青涩,看上去比我们大不了几岁,所以,我们都叫他田哥。田哥啊,对课代表的要求是非常严格。为什么我感触这么深呢?因为那时候我就是田哥的课代表。不知不觉十年过去了,田哥对课代表还一如往昔呢。现在想想其实是严师出高徒了。2012年我从五中毕业后,升入了三中,当时入学成绩是年级第五名,现在想来有些小小骄傲,是一个不错的成绩……

当说到我很帅时,所有学生都把目光齐聚到了我的身上,并且还发出了嘻嘻的笑声。当说到我对课代表严格要求时,当说到她考到了全年级第五名时,他们内心中肯定会理解平时我为什么对他们那么严格要求。

王一鸣在给学弟学妹们的一封信中写道:

其实回望在奇迹班的两年时光,我很少会想起学习,我想起更多的是在语文课上讨论社会热点和生活话题,我还有一次梗着脖子跟田老师争论;我还会想起被叫到办公室谈话的日子,我总是低着头抠桌角;也会想起那些守在校门口第一个冲进校园的下午,我们跑过教学楼前的时候,田老师会在办公室的窗户后面看着我们。那时候也有许多困扰我的问题,可很少是学习问题,更多的是:我写日记好需要灵感,可灵感不是天天有怎么办;讲台上的玻璃我永远擦不干净怎么办;田老师又给我交代任务了,可是好难啊我做不好怎么办?……

信中主要写了我教她时,带给她的美好回忆,比如我引导他们思考社会和生活中的问题，透过办公室的窗户观察他们，让他们写日记，等等。

一段视频，一封信，在给同学们做经验分享的时候，也顺便为我做了广告，让我在学生心目中的形象更加美好起来。

为学生做广告

每周，我会抽出一定时间，让学生说一说，聊一聊同学之间发生的事，美其名曰"班级吐槽大会"。

"班级吐槽大会"，不是让学生随便说，随便聊，而是每一期全班同学围绕着班级里的一个主角，一起吐槽他的优点。在这项活动中，我把主角称之为"主咖"。"主咖"是同学们自愿报名担任，在学期初就确定好一学期的人选。

上课铃打响，我走进教室，同学们早已面带笑容地坐好。负责管理电脑的同学，也已经打开了电脑，带有"班级吐槽大会"字样的PPT投放在了大屏幕上。

"让我们一起喊出我们的口号——"我一如既往地说。

"吐槽是门艺术，笑对需要勇气。"同学们大声喊。

这是我们"班级吐槽大会"的开场白。

"下面进入'班级吐槽大会'的第一个环节——猜猜主咖会是谁，请看大屏幕。"

大屏幕上出现了这样几个词：大眼睛、马尾辫。

杨逸轩用手指着说："余璟雯。"

杨召越说："索书轩。"

贾炜宸说："郭珂嘉。"

……

同学们,热火朝天地猜着,但都没有猜对。

又出现了这样的短句:大鹅般的笑声。

大家齐声喊道:"杨依荨。"

接着,大屏幕上出现了杨依荨面带微笑的照片。

"下面,让我们以热烈的掌声欢迎本期'班级吐槽大会'的主咖杨依荨上台。"

杨依荨伴着热烈的掌声,迈着轻松的步伐,面带微笑地走上了讲台。

"下面进入第二个环节,优点大家说。请大家一起来讲一讲杨依荨的优点。在说的时候,请先说出关键词,然后再详细阐述。"

第一个站起来的是闫步群,他笑着说:"我说的关键词是乐观。今天上午跑完操,我和李政霖走在杨依荨的后面。杨依荨呢,正和一个一年级的学生并排走。我笑着说,快看,杨依荨还不如一年级的小孩儿高。这话被她听到了,她回头只是翻了我一个白眼。要是换成其他女生,要么哭,要么告诉老师,要么揍我一顿,可是她没有。回到教室后,她仍然有说有笑。"

杨逸轩立马站起来说:"闫步群说的事,使我想起了杨依荨请我看电影的事。我还特意叫上了我上幼儿园大班的表妹。我对她说,你看你长得还不如我表妹高。她也是翻了我一个白眼。我以为她会很生气,但是她没有,又和我们打闹起来。"

大家继续围绕她的乐观讨论。

我说:"其实很多学生在背地里都议论过她个子矮的事。每次在操场上和中学生站一块儿跑操,总有些中学生好奇地围过来,看她。按理说,在学校遇到这种情况,任何人都会感到自卑,都会伤心,但是她没有。我很佩服杨依荨,从你们的阐述中,我真正体会到了什么叫乐观。我们把掌声送给她。"

杨依荨笑着说:"我倒没有感觉到长得矮有什么不好的。长得矮,就没有优点了吗?我性格好啊,我妈总是跟我说,你看你怎么和谁都能玩起来。我到广场上可以和老奶奶玩起来，可以和小朋友玩起来。我有好多好朋友。我感到很快乐。"

她说完，大家都哈哈地笑了起来。

余璟雯站起来说："我说的关键词是友善。她能与环境友善，有一次，她在学校里低着头看地上的一张纸片，上面写着配料的比例，她没看清，于是拿起来准备仔细看。结果呢，来了一位老师，说：'这个小朋友真懂事，主动拾捡地上的垃圾。'"

说到这里，大家哈哈大笑起来。

"自从那之后，下了课，没事的时候，她就叫着我去到校园里捡垃圾。你们看，现在我们的校园变得多美多整洁。这里面有我跟杨依荨的一份功劳哦。"

张语涵说："有次，我哭了，她过来安慰我，那一刻我感到特别温暖。"

……

我们第一次在班内公开交流杨依荨的乐观。她的乐观感染着身边的同学，当遇到不开心、不快乐的事时，总有同学会想到杨依荨，以此来激励自己。

每一个学生都有优点，我们就采用吐槽的形式，把他的优点放大，让每一位学生都知道他的优点，使他获得成就感。

效应二　阿尔巴德定理——抓好需求

　　阿尔巴德定理，是指一个企业经营成功与否，全靠对顾客的要求了解到什么程度。看到了别人的需要，你就成功了一半；满足了别人的需求，你就成功了全部。该定理是由匈牙利全面质量管理国际有限公司顾问波尔加·韦雷什·阿尔巴德提出的。

——百度百科

　　1983年，戴尔在美国奥斯汀的德州大学学医。他当时很喜欢计算机，决定用计算机来赚钱。于是，他买来一些旧计算机，然后把计算机升级后卖给同学、教授。这种旧计算机的升级"生意"使他第一年就赚了50 000美元。

　　他如何赚到这么多钱的呢？他对每个消费者进行了认真分析：学生钱比较少，需要的内存也比较小；教授钱比较多，需要的内存也比较多。所以，他根据每个客户不同的需求，升级不同的计算机。于是他的计算机卖得特别火。

　　企业瞄准客户需求，满足客户需求，就能成功。同样，班主任在管理学生时，也要抓住不同学生的不同需求。不同的学生需求不一样，有的学生想考高分，有的学生想痛痛快快地玩，有的学生想和自己心仪的同学坐同桌……抓好了学生的需求，就能调动起学生的积极性和主动性。

帮助同学写"吐槽"

写作文只是单方面的写,没有互动和交流,学生的作文兴趣不会持久。我比较注重学生通过写作的方式进行互动交流,因此,我把学生的日记写作称之为"每日吐槽"。

为了激发学生写"每日吐槽"的积极性,我采取"每日吐槽"升级制,达到一定级别后,就能顺利晋级。升级需要同时满足两个条件:一个是获得一定的班币数,这个由写作的篇幅和书写认真程度决定;另外一个是吐槽值,也就是文章获得的评语(吐槽)数量。第一个条件通过班币来激励学生写作,第二个条件通过互动交流来激励学生写作。

为了促使他们能够主动找他人吐槽,我在班里每天评选"今日爆文"。昨天写的获得"吐槽值"较多的前两位,就可荣获"今日爆文"称号。同时,还要在班里把自己的"今日爆文",读给大家听。这是一件十分荣耀的事情。

刚开始实行时,所有学生比较积极,你争我抢想获得"今日爆文"称号,努力找其他同学吐槽。一段时间后,新鲜感过去了,"今日爆文"也就冷淡了下来,每天获得"今日爆文"称号的总是索书轩、杨召越、杨依荨、余璟雯等几个比较积极的学生。于是,我私下问了几个学生,为什么吐槽值这么低。有的是忙得没时间去找他人吐槽,还有的是抹不开面子找他人吐槽。

杨召越看到这种现象后,在自己的"每日吐槽"里写道:

唉,大家的吐槽值令人担忧啊,好像每次只有那么几个人的吐槽能成为爆文。你是不是也想让自己的每日吐槽成为爆文?所以,我要成立"吐槽公司",帮助大家推销"每日吐槽"。这个想法是不是很好啊?对了,还是免费的。没错，你没听错，是免费的。免费给你推销"每日吐槽"，让他人给你吐槽，让你的"每日吐槽"，成为超级爆文，是不是很强啊？想报名的在下面留言。

我读完后，拍案叫好，心想这小家伙正好迎合了想获得"今日爆文"但没有时间或者抹不开面子找人吐槽的同学的需求，有经商的头脑。杨召越写的这则"每日吐槽"，就像一个广告，我看完后，给他盖上小印章，让王孜烨贴在教室后面的黑板上，以便全班同学都能看到这个"广告"。

上课时，我对大家说："同学们，咱们班有个同学想创办一家公司，主要想帮助大家写的'每日吐槽'成为'今日爆文'。这位同学呢，写了一则广告，贴到了后面的黑板上，下课后你们可以看一看。"

我说完，有的同学把目光聚焦到了杨召越身上，看来他们看过了这则广告。

杨召越"广告"贴出去不到五分钟，留言报名的同学多达十几个。每次上课总是姗姗来迟的杨召越，从此之后，开始不停地在同学间穿梭。课下，只见他拿着一摞又一摞的"每日吐槽"，挨个找他人吐槽。

"索书轩，来给写个吐槽吧。"

他把两三张"每日吐槽"递给了索书轩，索书轩读完后，拿起笔在上面"吐槽"。

他看到陈乐萱走了过来："陈乐萱，你也写一个吧。"

陈乐萱说："不写，忙着呢。"

……

他不但撒网式的挨个找同学吐槽，还精准地找。

他看到李政霖的"每日吐槽"中写到了马瑞轩。拿着李政霖写的"每日吐槽"，直接送给了马瑞轩："这是李政霖写你的，还写了你不少坏话。你给他吐槽一下。"

马瑞轩乐呵呵地说："好啊，你个李政霖竟敢写我，看我怎么把你怼回去。"

效应二　阿尔巴德定理——抓好需求

"郭子涵，杨逸轩写了你。"

……

被写的同学，大都是没看到谁写了自己，看到后内心一定有很多话要说。杨召越的"精准"投递，正好满足了被写同学的表达欲。

一篇"每日吐槽"经过他的推销，至少能获得五六个同学的吐槽，多的能达到二十几个，甚至密密麻麻的一页。

在杨召越的努力下，"今日爆文"又在班里火了起来，"每日吐槽"在学生的吐槽中，实现了文字的交流与互动。以前从没有获得"今日爆文"的学生，把"每日吐槽"交到杨召越手中，就获得了此项殊荣。郭子涵，"每日吐槽"只写了三行，没想到吐槽数达到了 21 条，吐槽的字数比他写的"每日吐槽"的字数都要多。

一开始，"吐槽公司"只有他自己，现在有几个男生也加入进去，一起帮大家推销。

在"吐槽公司"的带动下，班级呈现出一片欣欣向荣的"吐槽景象"，写作不再是单方面的书写，而是变成了学生间的一种交流和互动。

制造需求

离期末考试还有两周，在每一位老师眼里最宝贵的就是时间。一天一两节语文课，我带领学生复习重点内容，满打满算到期末考试，正好复习完一遍。复习完一遍后，学生肯定会有遗忘，但是在课堂上又无法带领学生再把基础知识复习一遍。我只好让学生利用课间时间，进行自主复习——读课文、背诵课文、写词语等，每天复习一点，到考试前，正好再次复习一遍。可是学生呢，一点也不着急，有些学生课下仍旧打打闹闹，全班能主动复习的也就两三个。

每个学生都很在意自己的考试成绩，即使是后进生，哪怕是不及格，能考好一丁点，也会高兴到天上去。我跟学生说，这段时间的自主复习与最后的语文成绩结合，试卷考试占总分的70%，自主复习占总分的30%。学生听到这个消息后，立马行动了起来，课下玩的学生少了很多。

我告诉学生，每天自己复习完后，先找组长检查，再找我盖小印章。盖上章，就表示获得了一部分的考试分数，此外还可以获得一定量的班币。

学生一算，很合算，自主复习可以实现分数与班币双重丰收，他们都很积极，一下课就到我办公室来找我盖章。我在办公室除了备课、看作业外，还有其他的任务要完成，于是对学生说："我到教室的时候再找我吧，现在正忙着其他事情。"学生总是不高兴地离开。

一般，我会在下午上课前早到教室，利用这段时间给学生盖印章。下午第一节课课前时间比较短，我来到教室，他们一哄而上地来找我盖章，你挤我我挤你，为了有序进行，我让他们排队。有的学生为了能早盖上章，去插队，惹得其他学生不满。不等我给他们盖完章，上课时间就到了。排在后面的学生，因为时间到了没有轮到自己，有些沮丧。有时候，我会故意提前结束，故意给他们制造困难："时间快到了，先上课。别耽误午读。""唉，又白排了。"学生都想早早盖上章，没能盖章的学生，内心肯定会不高兴。只要学生失落，就会产生需求。

我说："想提前盖章的请举手。"大家都举起了手。我接着说："我们蒲公英银行推出优先卡，优先卡有什么作用呢？拥有优先卡的同学可以优先盖章，可以名正言顺地插到前面，提前盖完章。"

"老师，优先卡怎么获得？"马瑞轩问。

我说："考前两周，每节语文课我们都听写词语，如果连续三次听写全对，就可以获得一张优先卡；考前一周，每节语文课重点默写要求背诵的课文，如果连续默写三次全对，就可获得两张优先卡。"

学生为了能得到优先卡，按照获取优先卡的规则，自觉地复习词语和

效应二 阿尔巴德定理——抓好需求

背诵课文。

大课间，我到教室转，发现余璟雯和杨依荨在一块儿听写；贾轶可和马秋雯在听写；杨逸轩、郭子涵、刘旭函在听写……

要驱动学生学习，就要善于发现学生的需求。如果学生没有需求，就要人为地给学生制造需求。通过需求，推动学生的学习，推动学生的活动。

元旦前清理"罚单"

作业不交，值日不干，违反纪律，均会得到轮值班委开出的"罚单"。收到"罚单"后，必须选择一种方式清理"罚单"。一学期，就要结束了，还有部分学生的"罚单"没清理完毕，这也就意味着他们欠下了很多他们应该做但还没做的任务。

元旦快到了，按照班规，必须清理完"罚单"才能热热闹闹过元旦。没清理完"罚单"的就那几个人——孙明辉、姜博晨、马瑞轩、姜炎虎、杨召越、李超群、刘云杰等。

元旦前两周的星期一上午，学校召开班主任会，德育处要求各班用一周的时间出一期以欢庆元旦为主题的黑板报，开始营造元旦的氛围，同时让学生准备元旦节目。

下午班会，我传达了这一消息。学生们听了后，欢呼起来。

我说："大家稍安毋躁，别高兴得太早。咱班还有一部分同学的'罚单'没有清理完毕，按照惯例，什么时候清理完，什么时候准备元旦。"

大家叹了一口气，白兴奋了一场。

我继续说："如果现在清理完，你们就现在准备。"

平时，那些获得"罚单"的同学很不在乎"罚单"，总是认为不清理班级管理中的"十大效应"

又怎么样。开"罚单"的同学，催着他们要时，不是找不到人，就是说"罚单"丢，总之从来没有痛痛快快地清理过。其实仔细一想，获得"罚单"的同学，不主动去清理，那是因为他们没有需求。一旦有了需求，就能主动清理。元旦这个节日就是所有学生的需求，那些没有清理完"罚单"的学生，也积极主动起来。

第二天早上，刘云杰来到教室后，把补的作业以及额外作业交给了我。以前，让他补个作业，那个难啊，总是找出各种补不完的理由。这下，倒是痛快了，因为他想过个快乐的元旦。我从"罚单"发放记录单上把他的名字给划掉了，然后跟同学们说："刘云杰，一次清除两项作业，他的'罚单'全部清除完毕。"大家脸上带着笑容，鼓起了掌。因为他们看到了希望。我逐一读了那几个没清除"罚单"的同学的名字，鼓励他们说："你们也要抓紧啊，相信你们一定能够完成。"

大家看到刘云杰主动清理完了，也积极主动地努力清理，因为他们都想过一个热热闹闹的元旦，姜炎虎除外。他虽只有一项作业没完成，但就是不清理。下课后，杨依荨、李思瀚、闫步群三人去跟姜炎虎谈："快点做作业吧，我们的元旦就指望你了。"他却轻松地说了一句："关我啥事？"大家听到他这一句话，着急了。他们心里明白，只要有一张罚单没清理完，班里的元旦就会泡汤。

李思瀚跑到办公室跟我说："老师，我们无论怎么劝姜炎虎，他就是不写。"

我说："你们再想想其他办法。"

姜炎虎，比较倔强。期中考试，他的成绩很差。我问学生想提高自己分数的请举手。全班都举起了手，只有他没举。下课后，我单独把他留下，问他为什么不想提高分数时，他说提高不了。我给他讲我上小学三年级考试成绩，数学只考了 26 分，后来经过努力，考到了九十多。我本以为跟他的一番谈话会改变他的想法，谁知最后他还是说不想提高。从那天起，我知道了他的倔强。

效应二　阿尔巴德定理——抓好需求

看来只有我亲自出马了，我在班里采用打赌的方式来激励姜炎虎。参与打赌的同学每人交5个班币，赢了就可以瓜分上交的班币。

李思瀚、马瑞轩等4位同学打赌说他完不成，陈乐萱等7位同学打赌说他能完成。李思瀚跟他的关系不是太好，他俩经常闹别扭。我一看，李思瀚说他完不成，心想这下激励姜炎虎完成清理"罚单"的可能性就比较大了。按照他倔强的性格，他总会反着来。说他完成的那些同学，跟他关系还算是比较可以。我说："明天的这个时候，见分晓。"一天快要过去了，他还是没写。不管是赌他完成的同学，还是赌他完不成的同学以及旁观的同学，都着急了。

看来赌他不写，也不能激励他去写作业。闫步群说："老师，我与黎子豪、李翰东、刘瑞泽商量了，如果我们赢了，我们不要班币把全部的班币都给姜炎虎。"我一听，这招肯定管用。我走到他旁边说："闫步群等4个同学决定把赢得的班币全给你。"其他同学听到后在一旁为这惊人的举动感到惊讶："姜炎虎，这下你可发大了，轻而易举就能获得一笔不小的班币。"他拿出本子和笔在算着能获得多少班币。我本以为他会心动。下午第三节课，打赌的时间已经到了，一问他还是没有写。同学们听了后，垂头丧气："唉，完了，元旦没法过了。"11个人参与了本次打赌，共交了55个班币。李思瀚等4位同学，共同平分。我让姜炎虎计算赢的同学获得的班币数，并让他把班币计入到他们的每日账单中。赢了的学生虽然获得了班币，但是也高兴不起来。姜炎虎看到大家伤心的样子，却十分高兴。

早上，我来到教室，李超群高兴地对我说："老师，姜炎虎的'罚单'清理完了。"

看来，他就是想捉弄一下大家。

座位拍卖

今年的元旦,各班自己在教室里庆祝,自娱自乐。

在教室里举行联欢,就要布置教室,营造出氛围,比如挂个气球、拉个彩条、贴个窗花等,还要把教室里的座位重新排列一下,一是为了便于表演节目,二是为了便于观看,三是为了营造出节日的氛围。

我不想把座位在教室排成一圈,也不想把座位排成 U 型,只想把座位往后一拖,留出前面的舞台,供学生表演。这样,所有学生都能看到表演,节目表演完后,还方便整理座位。学生都坐在原先自己的座位上,观看节目时很难在内心中产生节日的感觉。重新打破座次,让他们自愿选择位置,想坐哪就坐哪,学生就会很高兴。位置,大家都抢着选,怎么办?在大剧院看演出,座次是标价销售的,最佳观看位置,价格最贵,其他位置相对比较便宜。不同的价格,就解决了选座的难题。不同的价格其实就是满足不同人的需求。有的人想在最好的位置看演出,就要花高价买最佳观看位置;有的人只想看到演出,位置无所谓,于是就花少一点的钱买到偏僻的位置。

我借鉴大剧院座位标价售卖的方式,通过拍卖座位解决学生选座的难题。我对学生说:"元旦观看节目的座位,我们采用拍卖的形式卖出,座位分为三档,一档是钻石座,起拍价 50 个班币;二档是黄金座,起拍价 30 个班币;三档是白银座,起拍价 10 个班币。还设置了站座。如果你想近距离看演出,那就坐钻石座;如果只想能看到演出那就选择白银座;如果你不想花班币买座,那就选站座。站座,可以自愿站。站座是不需要的花班币的。那些存款不够的,或者存在不良记录的,都不能参与拍卖会,只能选择站座。"

效应二 阿尔巴德定理——抓好需求

为了进行座位拍卖，我设计了一张座次表，提前让学生自己在想坐的位置填写姓名。我还跟学生讲："选钻石座的同学，除了享有最佳位置看节目外，还享有其他的特权。比如，坐动车时，购买了商务座的乘客，就可享用小零食等特权。过元旦，学校会给每位同学发一点水果，不过还会剩下一点，剩下的水果，钻石座的就可以额外再分一点。"

下午，联欢会开始前，先进行座位的拍卖。我让他们先按照自己选择的座位坐好。钻石座只有12个学生选，没坐满，还空着4个位子，只好以起拍价50个班币的价格卖给他们。黄金座，李思瀚与陈乐萱选择了同一个位置，这个位置挨着窗户。我对他们说："钻石座还空着几个座位，你们可以选择啊。"他们都不选。我提醒他们："如果进行拍卖的话，价格可能会比钻石座的，还要高。"即便是这样告知他们，他们也没有一个选择钻石座的，你不让我我不让你，只好进行拍卖。黄金座的起拍价是30个班币，加价5个班币。在拍卖过程中，价格一路上升到了50个班币，继续上升到55个班币，已经超过了钻石座。他俩谁都不让谁，价格还在持续上升，到了65个班币时，李思瀚放弃竞拍，陈乐萱最终获得那个位子。这成为了全班最贵的座位。

刘瑞泽和孙凤鸣在抢白银座。最后，孙凤鸣以30个班币竞拍成功。

李可馨与刘依涵的座位，也存在竞争。因为刘依涵是后来转学来的，班币积累较少，所以不能参与竞拍。她只好拿着东西走到了站座上。还有几个同学因为资金不够，也无法参与竞拍，也来到了站座。

我跟他们讲："要获得竞争力，就要在班里努力挣班币。有了班币，就会满足自己的需求，想竞拍哪里的座位，就竞拍哪里的座位。我们班以后还要举行月末影院，到时候可以用班币购买电影票。还要举行跳蚤市场，可以用班币购买自己心仪的物品。"

通过这次座位拍卖，很多同学明白了一个道理——要满足自己的需求，只能靠自己的努力劳动。

做额外劳动赚班币

到了高年级,我鼓励学生在教室里自己成立"公司"。"公司"成立后,班级大部分事务承包给"公司"去做。

11月份,月末影院即将开始。本次月末影院承包给了杨逸轩的"你懒我干"公司。杨逸轩公司选定了电影后,开始出售电影票。张语涵是杨逸轩公司的一名员工。课下,她那里人头攒动。许多人围在那里买电影票,好不热闹。存在不良记录的学生和班币是负值的学生不能购买,也不能观看。马瑞轩就是既不能购买也不能观看的一位。

马瑞轩走到我跟前说:"老师,我要做额外劳动。"

他的一句话把我给说懵了,心想这段时间没开展做额外劳动的活动啊。

我带着疑惑问他:"为什么做?"

"我的班币都是负的,我想通过做额外劳动赚点班币,好购买电影票,看电影。"

他的班币累计负131,成为了班级首负。他的班币是怎样被扣成了负的?一个原因就是懒。轮到他值日了,懒得干;每天的作业懒得写,总是不交。一次值日不干,扣3个班币;一次作业不交,扣3个班币,语文数学每天都有作业,他每天至少被扣6个班币。他不是事事懒,还有"勤快"的一面,上课经常跟其他同学说话。上课说话3次,就要被扣班币。每周扣一点,每周扣一点,日积月累,他的班币就被扣成了负131。

我听了之后,说:"你想干啥?"

他干脆利落地说:"扫地。"

我摇摇头说:"不行,这个太低级了。"

效应二　阿尔巴德定理——抓好需求

他想了想说："擦黑板吧。"

我又摇了摇头说："不行，不行，这个也低级。能不能选个高级点的？"我不是对扫地、擦黑板这种劳动看不起，而是想让他选择关于学习方面的劳动，促进他的学习。

我引导他说："现在咱们滨州提出了智者智城的理念，要引进高级人才引领滨州的发展，而不是引进那些只会干苦力的人。你呢，想一想哪些事情是高级的事情？"

他想了半天，说："做作业。"

我说："太对了。做作业，可以称之为高级的脑力劳动。认真做完作业，你就可以得到班币。"

他一寻思，笑了起来。

我继续引导他："除了完成作业之外，你上课举手回答问题，也能获得班币。只要举起手，并且被老师叫起来回答，不管对还是错，都能获得班币。"

这一下他更开心了。

我给他算了一笔账："你如果上课回答问题3次，你就可以获得3个班币。每认真完成一次作业，就可获得2个班币。"

他掰着手指头，数了数，裂开嘴笑了起来。

下午，还没放学，他就把语文作业交给了我："老师，我的语文作业做完了，你给看一下。"

在班币的驱使下，他做作业的速度提高了不少，以前作业从来不写，催着要也不写。我在班里表扬他："你看人家马瑞轩，在学校都把语文家庭作业做完了。其他同学有做完的吗？"没有一个举手的。马瑞轩自豪地笑了。

以前上语文课，他经常走神，时不时望着窗外发呆，心不在焉的样子。有时，拿一支笔玩半天。"马瑞轩，看啥呢？"刚提醒完，过不了一分钟又开始四处乱看，或者手到处乱摸，总之，他的精力很难集中到学习上。

有了上课举手回答问题获得班币的奖励，我的任何一个问题他都主动举手。在讲《好的故事》这篇课文时，我问了这样一个问题："这个故事的美丽、幽雅、有趣体现在哪里？"这个问题很难。他举起了手。只要我看到他举手，我就先把他叫起来，不管他回答的对还是错。

班币驱动他上课认真听讲，认真做作业。当学生有了某种需求时，才会积极主动地去做一些有价值的事情。

"减免"作业

我班，后进生比较多，完不成作业的也较多。学生家长工作忙啊，有的开货车经常外出，有的晚上上班……他们忙得管不上自己的孩子。放学后，家长还没下班，孩子就到托管机构吃饭、做作业，说实在的孩子在托管，作业不一定做，那么多孩子在一块儿，玩的几率比较大。孩子回到家，已经是晚上八九点，关心孩子作业的家长会问一问作业完成没有，孩子不管完成还是完不成，都会说一句，"完成了"。家长就信以为真。这种对待作业的态度，就直接导致学习成绩不会太好。

在我们班，要解决作业的问题，家长靠不上，必须想办法来驱使他们做作业。

没有任何一个学生喜欢做作业，都喜欢玩，既然不喜欢，那就让他们少做一点，多让他们玩一会儿。

我在班里跟学生讲："既然大家不喜欢做作业，我们就以小组为单位'减免'语文作业，完成的好的小组周二免作业、周日减作业。我把班里的学生分成四个学习小组，每个学习小组成员的周末和周一语文作业，都完成或者只有一个没完成的，全组就可以在周二免除这一天的语文作业；周三、周四的语文作业，都完成或者只有一个没完成的，全组就可在周日减少部分语文作业；其余情况，语文作业都要按布置的数量完成。"

学生一听可以减免作业，高兴极了。

周二早上，7：40，我朝教室走去，看见姜炎虎在走廊内补作业。我心中纳闷："这是怎么回事？没做完作业，在外面自己主动补？不太可能吧。"我走进教室，闫步群拉着马瑞轩说："出去补作业的。"我问他："为什么让马瑞轩出去？"他说："他的语文作业没做完，不补完，我们组，今天就免不了作业。"我终于明白姜炎虎为什么在走廊内补作业了。他不是组长，仍旧在督促组内其他同学完成作业。

在课间，余璟雯拿着作业统计表，找没完成作业的同学，让他们利用课间时间补作业。

余璟雯说："李思瀚，你的周末作文没完成，快点写。"

李思瀚没动。

余璟雯有些生气，大声说道："今天是周二，你还想不想免作业了，快点补。"

李思瀚，这才行动起来。

以前，组长把能收起的作业收上来，不交的，就放过去了，只给老师一个没交作业的名单。现在，有了"减免"作业制，不只是组长，还有组员一起督促那些不完成作业的同学做作业。

周二下午预备前，我用红笔把当天的语文作业写到了黑板上。

下午第三节课，让语文各小组长上台反馈这几天交作业的情况。

余璟雯说："我们组，李思瀚的作文在今天上午已经补完，其余同学全交了。"

"耶……"他们组欢呼起来。

李一茗说："我们组全交了。"他们组向来交作业很积极。

张皓森说："我们组姜炎虎的词语摘抄没有写完、每日吐槽没有交。"

他们组全体成员垂头丧气。

姜炎虎站起来，说："早上我已经把词语摘抄写完了，你没收我的。"

他把摘抄的词语拿了出来。

姜炎虎看着我，眼睛一眨也不眨。

我问他："你怎么不交给组长呢？"

他说："我写完时，都已经上课了。"

"下了课，可以交啊。"看在他努力做作业的份上，我说，"这次就算你完成了。"按规则来说，作业必须在上午交上。

剧情实现了180度大转弯。全组立刻欢呼起来，那种沮丧被抛到了九霄云外。闫步群和马瑞轩激动地拥抱了起来。黎子豪向姜炎虎竖起了大拇指。姜炎虎，也开心地笑了。

这是他们组一个月以来，第一次免除作业。

李超群说："我们组也全交了。"

全班又一阵欢呼。

"既然大家都把作业交上了，那么今天，所有学习小组都享有免除语文作业的特权。"我一边说，一边用黑板擦慢慢地把写到黑板上的所有语文作业擦掉了。

"耶……"全班又一阵欢呼。

现在学生做作业，不只是为自己做，也是在为全组做。班里的语文作业，每次都交得很全。

到办公室补作业

到办公室做作业，没有任何学生愿意。但是，为了让没做完作业的学生把作业补完，只好让他们到办公室来补。

刘云杰，近来作业几乎每次都不交，语文不交，英语不交，数学也不交。

英语老师，为此打电话跟他家长沟通过，似乎没起到任何作用。

效应二　阿尔巴德定理——抓好需求

数学老师，也打电话，也没有效果。

刘丹阳，自从每天下午第三节课练足球起，作业也开始不交了，已经连续好几周。她是女生中唯一不交作业的。

据我观察，他们两个课间喜欢玩，在教室基本上看不到他们的人影。他们大都出现在走廊、操场。

每天，他们都会因作业不交而收到"罚单"。"罚单"的收取完全由组长负责，由于组长的收取力度不够，始终收不上他们的"罚单"，所以"罚单"对他们来说起不到任何惩戒的作用。再任由他们这样发展下去，他们的学习肯定会出现严重的问题。

这一天，他俩的作业又没交。刘云杰说没写，刘丹阳说没带。组长拿他们没办法。

第一节上数学，一下数学课，我把他俩叫到办公室补作业。第二节，我上课。他俩想用上课时间补，这是本末倒置，我没有同意。第二节下课是大课间，我没有让他俩出去跑操，继续到办公室补作业。我跟他俩说，什么时候补完作业，什么时候课间休息，课间想上厕所，先去上厕所，再来补作业。一上午，他俩用了三个课间来补作业。

刘云杰，把作业交来。

我问他："在家做作业好，还是在学校做作业好？"

他说："在家做作业好。"

"为什么不在家做完？你看一上午的课间，都没机会出去玩。"

他不语。

以前他没做完作业，我问原因时，他说在家看视频。

这次，我问他："是不是又看视频了？"

"嗯。"他很诚实地回答。

我继续问："看这个干啥？"

他不语。

我又问："是不是挣钱啊？"

"嗯。"

我继续问："挣多少了？"

"50元。"

"是不是跟你家长一块儿挣啊？"

"嗯。"

"你家长对你的学习不过问吗？"

"不问。"

这也难怪他的作业为什么完不成了。

我跟他说："人家组长为了能让你完成作业，跟其他同学凑班币，来激励你。看来班币对你没什么激励作用。"

我最后警告他："不想在家做作业，或者晚上在家做作业耽误了你刷视频挣钱的话，那就以后来办公室补吧，但是只能是课下时间。"

刘丹阳，来交作业。

我问她："作业为什么完不成啊？"

她不语。

我继续问："晚上都忙啥？"

"做作业。"

我就纳闷了，又问："做作业，为什么语、数、英的作业都完不成？"

"做辅导班的作业。"

我生气地说："有时间做辅导班的作业，没时间做学校的作业？辅导班的作业重要，还是学校布置的作业重要？"

她不语。她显然是在撒谎。

我警告她："记住啊，以后完不成作业，就来办公室补吧，但是只能是课下时间。"

在课下，他俩玩得最欢，哪舍得把玩的时间用来补作业。来办公室补作业，不但没有玩的时间，而且办公室里所有老师都看到，脸上也没有光。第二天，他俩不用组长的督促，就主动交上了作业。

效应三　二八定律——抓住关键

二八定律，也被称为关键少数法则、八二法则、帕累托法则，是指约仅有20%的变因操纵着80%的局面。

——搜狗百科

1897年，意大利经济学家帕累托，在对19世纪英国社会各阶层的财富和收益统计分析时，发现了一个奇怪的社会现象：80%的社会财富集中在20%的人手里，而80%的人只拥有社会财富的20%。帕累托根据这个社会现象得出了一个重要结论——任何一组东西中最重要的只占其中一小部分约20%，其余80%尽管是多数，却是次要的。

二八定律反映了一种不平衡性，它在社会、经济及生活中无处不在，诸如：20%的品牌占有80%的市场份额；20%的产品带给企业80%的利润；20%的作者发表了80%以上的精品文章……

在班级管理中也存在着这样的不平衡：班级平均分由20%的后进生决定；个人学科的分数由20%的做错的题决定；读书习惯靠20%的时间来培养……

抓好后进生

我送走了一个毕业班,新接手一个五年级,这个班每次考试都全年级倒数第一。为了全面了解班级成绩,我特意向以前的班主任要了期末各科的成绩。一看成绩,我傻了眼,语文平均分与年级第一相差八分,与倒数第二相差四分多,班里有十几个不及格的学生,居然还有学生考到了个位数。

面对这样的班级,我是喜忧参半。学校安排我教这个班,也有学校的综合考虑,就是想提高一下这个班的语文成绩。

这个班的平均分,之所以如此低,是因为不及格的学生太多。要从总体上提高语文成绩,关键不是提高那些成绩好的学生,而是要想办法提高那些不及格学生的成绩。不及格学生的成绩,决定着这个班级的总成绩。

上课一听写生字,我傻了眼,那十几个学生空着一大片,字不会写。

我把那些成绩差的学生叫到一块,跟他们讲:"咱们这些同学成绩都不是很理想,其实语文考试并不难,你们要想及格也比较容易。基础知识35分,都是书上的字词,咱们能得25分吧,作文30分,咱只要写上了,把字写认真,至少能得20分吧,阅读理解35分,15分能得上吧。你看60分到手了。"我告诉他们如何得分,就是让他们感觉及格并不是一件很难的事。

"咱们这些同学,基础不是太好。要想考好,关键在基础,怎么办呢?你们晚上回家后,还要继续写写生字,如果家长能帮助你,那就让家长帮助听写一下。其他的语文作业,你们不会的,可以稍微放一放,先花时间和精力听写词语。"

我不但告诉他们如何学习,而且还在课堂上表扬他们。上课,检查读课文，我总是叫他们几个，只要能读下来，我就表扬："你看人家刘云杰，读得比以前进步多了，掌声送给他。"班里响起了掌声，他脸上露出了笑容。

从这次表扬开始，他每次都举手，即使是自己不怎么会的问题，有了点想法也举手。回答错了，我也表扬："虽然人家回答错了，但是人家思考了，上课认真听讲，没走神。"

在语文课上，不管是会的问题，还是不会的问题，只要举起手来，他都能获得表扬，慢慢地，他也就愿意学语文了。

马瑞轩，带着一本教材全解听课。在讲到古诗三首时，我让学生思考诗意，班里没有一个同学举手，他举手了。点名起立回答，他直接把教材全解读了一遍。他一边读着，他的同桌在一边笑。这笑声里有嘲笑的意思。我说："你看人家，在想办法学习，掌声送给他。"他听到同学们的掌声，脸上露出了喜悦。

姜炎虎，不会写作文，每次都写几十个字，就没什么可写了。每次考试，他的作文到不了 10 分，语文只得二十几分。我教给他最简单的办法——从作文选上抄写一篇写事的作文，并且背过。每周，我们班写作文时，就让他只写这一篇。写着写着，他的这篇作文写熟练了。我再教给他，在作文里加上几句人物对话，加上几个动作描写……这一篇作文，变得越来越长了。我还告诉他，只要到考试，就写这一篇，根据考试的作文要求，换一下作文的题目、开头和结尾即可。这样，他就感到作文容易多了，对作文也没有了畏惧。结果，期末考试，他的作文破天荒地得了 19 分，对他来说整体成绩提高了不少。

我不断去抓这几个后进生，上课抓，下课抓，持续不断地抓。经过努力，几个后进生的分数提高了，班级的整体成绩也跟着提高了，平均分与其他班级相差越来越小，最后终于摆脱了倒数的位置。小学阶段的最后一次期末考试，我班语文成绩与年级第一相差只有零点几分。

解决"小团体"

周三上午,我接到张宇妈妈的电话:"昨天晚上,孩子哭着跟我说,近来经常受到王琦、高晴、侯萍、朱文等几个本班同学的欺负,并且王琦在管纪律时还骂张宇,处处与她作对。"

当我听到她们几个学生的名字时,第一反应是不相信她们会做出这种事。

她继续说:"这件事是在小饭桌发生的,我到小饭桌问了一下那里的老师,那里的老师说王琦这孩子并不怎样……"她还对我让王琦管纪律的做法表示不认同。

由于我对这件事一无所知,只好说:"你不告诉我,我也不知道发生了这样的事,我先了解一下情况再处理,处理结果会及时告诉你。"

高晴、侯萍、朱文这三个学生,性格和善,学习成绩优异,受老师喜欢。她们居然能做出这样的事情,简直令我不可思议。

上午课间,我把张宇叫到办公室问:"到底怎么回事?"她哭着跟我说:"王琦、高晴、侯萍、朱文,她们经常骂我,我收作业的时候不给我本子……"她越说越伤心,越哭声音越大。

从张宇的话中,可以听出来,这件事的"主谋"是王琦。如果先叫王琦来问情况,她肯定不承认。我也知道王琦平时确实有点霸道。只要让她承认了错误,这件事就好办了。但是,要让她承认,有点难。大多数学生做错了事,都会用谎言来掩盖自己的错误。但是如果她一开始就矢口否认这件事,就很难让她再去承认,事情就会变得更加糟糕。

我逐一思考这四个学生的品行以及平时的表现,高晴、侯萍、朱文比较诚实。只要她们讲出了实情,王琦也就难以抵赖了。

下午第一节，正好是体育课，教室没人。我利用体育课的时间，分别把高晴、侯萍、朱文叫到教室单独谈话。

"朱文，你骂过张宇吗？"朱文是一个成绩优秀、很文静的小女孩。

她马上哭了，可能是为自己做过的事情后悔。她哭着说："骂过……王琦跟我们说了她做的一些坏事……"

"王琦说的这些坏事，你见张宇做过吗？"

"没有。"

"你没有见过，就相信张宇做过吗？张宇是什么样的人，你不了解吗？"

"老师，我错了。"她越哭越厉害。

我说："知道错就行，现在五年级了，你已经是大孩子了，要学会明辨是非……你去把高晴叫来。"

一向嬉皮笑脸的高晴，来到我面前时，也不免有些紧张。

"高晴，你是个诚实的孩子，老师一直很喜欢你，你为什么要骂张宇？"我开门见山地问她。

她紧张地用手一直揉搓她的衣服角："在小饭桌时，王琦经常给我们糖吃，有时跟我们说张宇这个人怎么样怎么样，让我们不跟她玩。"

"你相信张宇会做那样的事吗？"

"不相信。"

"给你们几块糖，就收买了你们？"

……

"你去把侯萍叫来。"

……

朱文、高晴、侯萍都承认是王琦教唆她们做的。从她们三人的回答中，已经坐实这件事的"主谋"就是王琦。我看时机已经成熟，于是把王琦叫过来谈话。

她来到我面前，淡定地问："老师，什么事？"

我直截了当地说:"为什么处处与张宇作对?"

"没有啊,老师。"她想抵赖。

我直接说:"我已经叫了朱文、高晴、侯萍了解了情况,她们也如实地回答了,现在想问问你这件事到底是怎么回事。"

她一听,抵赖没有用了,于是直接说:"因为上次张宇没有先收我的数学作业,于是就怀恨在心,便叫上高晴、侯萍、朱文我们这几个在一个小饭桌的同学说她坏话,不让她们跟她玩。"

我问:"这件事你认为应该如何处理?"

她说:"我主动跟她道歉,并和她做朋友。"

我把张宇叫来,她们四个一起向张宇道了歉。

小团体中,20%的学生挑头,80%的学生跟随。20%的学生虽然人数少,但很难搞定,80%的学生虽然人数多,但容易搞定。要解决小团体的问题,只需要先解决小团体中80%的学生就可以,剩余的20%就不攻自破。

抓好刚到校时间

学生在学校有两段比较自由的时间,一段是学生上午到校后的时间,另一段是学生下午到校后的时间。这两段时间,对于学生来说尤为重要。

一日之计在于晨。上午学生到校的这段时间,虽然只有短短的二十几分钟,但是很重要。上午学生到校后,需要做很多事情,打扫卫生、交作业、准备上课的用品等。打扫卫生是为营造一个舒适的上课氛围,干干净净的教室给人一种舒服的感觉,学生学习舒服,教师上课也舒服。学生来到学校后,早早地把作业交上,老师利用上午的时间把作业看完,还能抽时间把作业情况反馈给学生,对个别学生进行辅导。如果交得晚了,老师就很难及时把作业看完，也不会及时地把作业情况反馈给学生。

所以，班主任要重视起这短短的二十几分钟，班主任重视了，学生也就重视了。班主任到校后的第一件事，就是要到教室去。班主任进入教室后无须说话，值日生看到班主任到了教室，自然会主动打扫卫生；学生看到班主任后，自然会拿出作业主动上交；凑在一起说话的学生看到班主任后，会停止说话准备上课的学习用品；坐在座位上发呆的学生，看到班主任后，会拿起书学起来……总之，班主任走进教室一切都会变得井然有序。

上午，我一到校就进教室，看到孙明辉快速从后面跑了上来，王凤仪正拿着书追他。我没有说话。他们看到我后，立刻停止了打闹，乖乖地回到了自己的座位上。刘瑞泽看到我后，从自己的座位上走了下来，带领着自己的轮值班委检查卫生。他发现刘旭函到了值日的时间还没来，就安排其他同学替他干值日。王孜烨、余璟雯在收昨天的家庭作业。王孜烨发现刘云杰没有做，立刻让他补了起来。所有学生的语文书都拿了出来，为第一节课做好了准备。晨读铃打响了，索书轩带领大家一起晨读。一切都是那么有序。

下午学生到校后的这段时间也很重要。语文、数学、英语等学科，一般会在这个时候把家庭作业布置出来。下午，我一到校也是到教室，顺便看一下学生的表现。索书轩、宁宇轩等同学正在抄写布置在黑板上的作业；郭珂嘉、闫步群等正在做作业；杨逸轩、刘云杰、李翰东则在打扫卫生；游恩艺、马秋雯正在发作业……

这两个时间段，我都会及时出现在教室里，进入教室后无须说什么，只是静静地观察着学生，教室里的一切都会井然有序。

好的开始是成功的一半。只要班主任在这两段时间出现在教室，一切都是那么有序，都是那么安静。一天中，这两段时间不长，但十分重要。安静的氛围能为学生上课做好铺垫，能让学生静下心来。

养成读书习惯

读书对学生来说很重要。现行语文教材，比较重视学生的阅读，设置了整本书阅读板块，以便引导学生多读书、读整本的书。培养学生阅读习惯的最佳时间是什么时候呢？是学生晚上在家的这段时间。晚上，学生七点多吃完饭到九点多睡觉前的这段时间，是读书的最佳时间。

我在家长会上跟家长讲了读书的重要性，比如能丰富学生的知识储备，为学生提供学习的智力背景，能拓展学生的视野，能涵养学生的性情，能提高学生的阅读能力和写作能力，等等。我建议家长，晚上让孩子读读书，哪怕读十分钟。

我跟学生讲，读书就好比旅行，你通过读书可以到达你到不了的地方，你通过读书可以经历你无法经历的事情……讲这些，是为了让学生知道读书是一件好玩的事情。我告诉学生，每天晚上读一点书，哪怕是十分钟。

通过跟家长和学生分别讲读书的重要性，能唤醒一部分家长和学生对读书的认识。其实，仅靠讲道理是没用的，关键是靠措施的驱动。

为了给他们留有充足的阅读时间，平常的语文作业都布置很少，有的学生在学校就能够完成，回到家完全有时间进行阅读。我要求每个学生每天在家至少阅读十分钟，在阅读时，家长给孩子拍照上传到班级读书打卡群。照片上写清孩子读书的时间、时长以及书名，还要注明是第几天阅读。学生在阅读时，不需要写读书笔记，不需要摘抄好词好句，只需要静心的读，只需要每天坚持的读。发到群里的照片，我会挨个看，为每一位学生点赞，"李文倩和爸爸一起读书真棒，家庭有着浓厚的读书氛围""唐华阳读书的样子很美""王艺涵读了好多书"等。

为了激励学生读书，我还对他们进行班币奖励。每读一万字的书，可换 1 个班币。有学生为了能获得班币，一周能读一本书，一本书就是 20 来万字。一个月读完四本书，就能获得 80 个班币。这可是一笔不菲的收入。学生为了能挣到班币，可谓是铆足劲读书。

为了让家长给孩子买书，我在班里倡导：孩子过生日时，不要只给孩子买蛋糕、买衣服、买玩具，还要给孩子买本书，作为生日礼物送给他。这样，孩子会更喜欢读书。过年时，不要只给红包，还要送给孩子书。家长选择重要节日给孩子送书，能培养孩子读书的习惯。

一学期结束后，我会在班里组织一个"我与图书试比高"的活动。让每个学生把一学期以来，购买的书摞起来，与自己比比高，拍照发群里。学期初，我会把照片打印出来，贴在教室里，进行展示。一学期下来，有的学生能购买二三十本。只要有书，就不怕学生不读。

每到放假时，我都会给学生推荐一本书，让学生利用假期的时间读书，并且还建议学生去新华书店看书。暑假时，我在"暑假好书推荐信"中这样写道：新华书店，环境优雅，有空调，还有冷饮，可以约上自己的小伙伴去书店看书，说不定还会偶遇田老师呢。为了给学生惊喜，我有时也会出现在书店里。

班里大部分学生，已经习惯了晚上写完作业，抽出十几分钟的时间读书。每天十几分钟，时间不长，但是只要坚持下来，形成习惯，就能读很多书。

弥补学习缺项

考试是始终绕不过去的一个课题，即使实行了"双减"，也要考试。

在期末复习阶段，我意识到昝庄淇的基础知识不是很牢固，于是便给

效应三 二八定律——抓住关键

她家长发信息说:"在家,先帮孩子打牢基础知识,在学校的复习时间不多了。"

她妈妈回复说:"我感觉她的阅读理解也不行。"

我回复:"基础是提分最快的一项,阅读理解在短期内无法快速提高。"

考完试后,成绩出来了。我通过小程序把分数单独告知了家长。有学生考得很好,家长发信息表示感谢;有学生考得不好,家长发来了求助。

昝庄淇考试成绩不太理想,她妈妈问:"孩子才考了七十多,咋整?放假需要做点啥帮她提高成绩?"我看出了这位家长的焦虑。这次,我则建议她利用寒假整块的时间帮她提高一下阅读能力,基础放到开学后再说。

开学后,我把试卷发了下去。有学生兴奋地跳了起来,那是因为考得很好,有学生垂头丧气,那是因为成绩不理想。还有学生感觉自己的分数不理想,于是算一算自己的分数,检查一下是否阅卷老师给算错了。他们之间还打听着彼此的成绩。

我对学生说:"发下试卷后,大家首先关注的是分数,这没什么错。但是更重要的是要关注什么地方出现了错误,分析一下什么原因导致的,是由于知识点掌握得不扎实,还是有知识漏洞,还是理解不到位等,找出原因,下一步想办法去弥补。"

我让学生找出试卷中丢分最多的地方,并在相应的位置写上丢分的原因。

我跟学生讲:"如果在基础题上丢分,说明字词没有掌握好,在以后的学习中要多注意,多听写,把书中的字词掌握起来。如果在阅读上丢分,说明上课没有认真听讲,一般阅读题出的都是课后题……找到了丢分的地方所在,你们就要有针对性地去弥补。丢分的地方,就是你的缺项。虽然缺项不多,但把自己的缺项弥补起来,你的成绩才能有所提高。"

过了几天,上课,我看到王梓涵的桌子上摆放着一个阅读练习册。我问她:"为什么要带这个来?"

她说:"我的阅读理解比较差,所以我妈妈每天让我做一点。"

我拿给大家看:"你看人家王梓涵,知道自己阅读方面比较薄弱,于是买了阅读题来练习,你说她能考不好吗。还有郭子涵,他知道自己在基础方面比较弱,每天晚上都让家长给听写。成绩能否提高,不是那些你已经会了的知识决定,而是由那些少部分你还不会的知识决定。只要把这部分知识掌握好,你的成绩肯定能提高。如果在做题过程中遇到不会的,可以去问老师,也可以问同学。"

索书轩、马秋雯、贾轶可、吕安懿等同学也开始做起了阅读题;姜炎虎则主动抄写词语表和背诵的课文。

控制一开始的纪律

每周五中午,我都要陪一、二年级男生午休。

这个活,谁都不愿意干。因为低年级学生最难管,纪律意识最淡薄,自控能力最差。在学校唯一能管住他们的,好像只有他们的班主任。对不教他们的老师来说,要想把他们的纪律管好,似乎有点难。他们一到宿舍,就开始活跃、开始兴奋,大呼小叫,难以安静下来,更别说睡觉了。要把他们安抚好,得费很大力气。只要他们看见一个学生在吵、在闹,全都跟着吵闹起来。每次,也就那几个遵守纪律的学生能安安稳稳睡觉。

一年级学生吃完饭后,排着队伍往宿舍走,每次进宿舍,他们都会你挤我我挤你,争着第一个进宿舍。"我第一个进宿舍。""我才是第一。"他们为了这个没有任何意义的第一都能争论半天。这一次我赶紧跑了几步,抢在了他们前面,比他们早来到宿舍,站在门口,把他们拦住了,说:"安静进去,进去后,不准说话,谁如果说话,重新出来排队。"他们安静地走进了宿舍。静悄悄的没有一个学生说话。走进宿舍的几个学生，开始说起了话，我立马制止："出来，重新排队。"重新排队，也就意味着要到其他同学的后面。其他同学看到后，立马安静了下来，静悄悄地走到了自己的床边。只花了几分钟的时间，就轻而易举地维持好了纪律。

一年级学生进入宿舍早，他们全部躺床上后，二年级学生才进来。此时，他们在走廊内边走边说，我站在门口，挡住了他们的去路，小声对他们说："安静进入宿舍，一年级学生已经入睡。"他们排着队走进宿舍，看到一年级学生都静静地躺在了自己的床上，踮起脚尖，悄悄地来到自己床上。整个中午，他们都在安安静静地睡觉。

以前，陪午休时，我带着队，走在学生后面，学生进入宿舍，我才进入。学生一进去，就叽叽喳喳吵个不停，此时，不管我怎么吼、怎么制止他们，他们就是不听，整顿纪律得花十几分钟的时间，才能逐渐让他们安静下来，并且还弄得我筋疲力竭。

控制好了一开始的纪律，也就控制好了整个中午的纪律。

早晨学生到教室后，吵吵闹闹。一日之计在于晨，宝贵的时间就这样被他们给浪费掉了。早上我早到教室发现了这样的现象：只要有一个学生开始大声说话，其余的学生也会跟着说起来，并且越说声音越高，说的人越多。等着说话的声音高了，说话的人多了，再去维持纪律，就很难。我把管理一、二年级午休的做法用到了管理早晨学生进教室后的纪律。

我对学生说："早晨到教室后，值日生干值日，其余学生或交作业，或看书，或预习今天学习的内容，不准说话。"

我早到教室，坐在讲台上看作业，这时，班里已来了四五个学生，教室寂静无声。到教室的学生越来越多，发出了各种各样的声音，有拖椅子的声音，有小声说话的声音。闫步群到教室后，开始大声说话。我知道，接下来将会有学生跟他一样大声说话。我说："闫步群保持安静，不要影响其他同学学习，如果你要说话请到外面去。"李思瀚进来，想说话，也被我给制止住了……整个早上教室里安安静静的。

不管是午休纪律，还是早晨教室纪律，还是上课纪律，只要把一开始的纪律控制好，就不会出现严重的纪律问题。

制止起哄

中午，将近一点。这个时间应该是午休的时间，我在办公室里忙着写东西。电话突然响起。一看，显示的姓名是昝庄淇妈妈。这个点，打来一定是有事。

"田老师，我跟你说个事，小饭桌老师给我打电话说昝庄淇哭得很厉害，我把她接回家了。她好像是受了很大委屈的样子。是这么回事，上体育课的时候，老师教学生跳舞。昝庄淇从小没学过，可能跳得不好。吕思聪、李一茗就说她跳得难看死了，真丢人。他俩这么一说，其余同学就开始起哄，都跟着一起说。昝庄淇就不愿意，开始跟他们吵了起来。这也没什么事。在自由活动的时候，胡宸宇还说她，并且还拿着跳绳抡到了她。我给我认识的几个学生家长打电话，向他们的孩子询问了情况。李翰东说，昝庄淇先拿着跳绳抡到胡宸宇的。我把昝庄淇说了一顿，我说这件事，你也有错，跳绳是用来跳的……"

显然，这是由起哄引起的一件事。我的大脑开始搜索在我课堂上发生的一些类似的事。

讲到《我的"长生果"》时，我联系自己小时候的生活说自己小时候也在看小画片。人群中发出了"咦"的声音，接二连三的"咦"的声音出现了，还出现了一句"什么"的声音。这样的声音很刺耳，很令人厌烦。上课发出这样声音的，就是吕思聪、李一茗、胡宸宇、杨逸轩、李思瀚等几个学生。

一般，在我的课堂上，学生还不敢太放肆，我也没有太留意这件事。

效应三　二八定律——抓住关键

没想到在体育课上发生了如此严重的事。起哄，虽然是一部分学生的行为，但这些行为会影响正常的上课秩序。要纠正学生起哄的问题，必须在课堂上解决。

我上课讲《景阳冈》这篇课文。讲到武松喝了十八碗酒时，吕思聪说了句："太能喝了！"李一茗笑了。我知道接下来会发生什么事。我朝他瞪了一眼，把书往讲桌上用力一扔，"啪"的一声，厉声呵道："闭嘴！"吕思聪马上低下了头，刚要张嘴的其他同学，立刻闭上了嘴。

又上语文课，吕思聪还想带头起哄，马上被我给呵斥住了："又想开始起哄是吧？"这样呵斥了几次之后，他再也没有起哄。

起哄，不仅表现在语言上，还表现在笑声上。小浩喜欢笑。笑，没什么错，爱笑的人，很美。见到人，微笑一下，给人美的感觉。他喜欢在课堂上笑。在课堂上笑，也没什么错。老师讲个笑话，或者讲到好笑的地方，笑一笑也可以。可是他的笑，往往出现在其他同学回答错了问题后。这样的笑，就显得不礼貌了。他一笑，其余同学也跟着笑，笑里带着嘲讽的意思。课堂上，孙明辉回答错了问题，小浩开始笑，李霖也跟着笑。我厉声喝道："闭嘴。"用严肃的眼神瞪着他们。

几个回合下来，起哄的越来越少了。最终，在我的课堂上，把起哄的风气给刹住了。当然，其他课堂上的起哄也少了很多。

一个学生挑起头，开始说，其余的学生也会跟着开始说。有一个说，就会有两个说，有两个说，就有三个说……最后，大家几乎都说起来。所以，面对这样的情况，要当机立断，立马制止，以免引起大范围的起哄，让课堂失控。

效应四　棘轮效应——严格要求

棘轮效应，又被称为制轮作用。广义的棘轮效应是指经济活动中某种行为惯性趋势的不可逆性；狭义的棘轮效应是指人的消费习惯形成后具有不可逆性。它很容易向上调整，却很难向下调整，短期内的消费习惯尤其难以逆转。

——《每天学点经济学 2：改变一生的 66 个经济学定律》

消费者容易随收入的提高而增加消费，但不容易随着收入的降低而减少消费。这也验证了司马光的那句话，由俭入奢易，由奢入俭难。就如棘轮一样，是不可逆的。

棘轮效应是出于人的一种本性，人生而有欲，"饥而欲食，寒而欲暖"。

对于班级管理来说，班主任对学生的行为要严格规范，不让学生出现懒散的行为，一旦懒惰成为习惯，就很难在短期内纠正。懒惰是人的本性，每个人都想偷懒。学生在做轮值班委时会偷懒，在学习上会偷懒……爱玩是儿童的天性，他们会抓住一切可以玩的时间去玩耍，一旦形成了不好的行为习惯就难以改正，甚至会影响到学习。古人云，取法乎上，得乎其中；取法乎中，得乎其下；取法乎下，无所得矣。因此，班主任一定要时刻关注学生的行为，对学生严格要求。

效应四　棘轮效应——严格要求

重新轮值

我每次到教室都会先检查地面有没有打扫干净，桌椅有没有摆放整齐，黑板有没有擦，垃圾有没有倒……

早上，我到教室后把整个教室扫了一眼，便叫过正在座位上坐着的轮值班长——刘瑞泽，问："地上怎么有纸？黑板没擦。"刘瑞泽哦了一声，便自己干去了。我对他说："谁负责地面卫生？谁负责黑板？你去找他，你不能干。"

下午，我来到教室，发现垃圾桶的垃圾没倒，便问刘瑞泽："谁负责垃圾？"他说："刘依涵。"他立即找刘依涵去解决。

这一周，我几乎天天都在提醒刘瑞泽。

每周五按照惯例，轮值班委需要上台把轮值过程中发现的问题表演出来，供大家一起讨论。

周五到了，下午第三节课，我说："刘瑞泽，你们组上来表演。"

他慢吞吞地说："老师，我们没准备。"

刘瑞泽这一组在轮值过程中，在各方面都不同程度地出现了问题，关键是他这个轮值班长没有尽到职责。在评价环节，他们组的每个成员大都只获得了良好的级别。

我说："刘瑞泽这一组，有些班级工作没有认真去做，在卫生、纪律管理方面出现了问题，没人去管。每周的微表演，也没准备。总之，你们这一组轮值的不理想，按照做不好重新做的规则，下一周你们组继续进行轮值。希望你们在下一周的轮值中，能把这一周出现的问题改掉。"

我单独跟刘瑞泽交流："你们组的问题，关键出在你的身上，你没有尽到轮值班长检查的职责。只要你认真检查，你们的轮值班委都会认真做的。"

他低着头说："知道了，老师。"

"我们是……"

"精英队。"

"我们的口号是……"

"经营天下，英才神话。"

新的一周在嘹亮的口号声中，刘瑞泽这一组又重新拉开了轮值的序幕。

每天早上，我到教室时，刘瑞泽总是早就到了，带领着卫生委员检查卫生。

"四组有纸，你找打扫的同学再扫一下。"

"三组桌子不整齐，你让他们再重新摆一下。"

上课铃打响，刘瑞泽就会和负责上课纪律的同学一起维持课堂纪律。

从这一周开始，我们班开启了每日点赞活动，每两个轮值班委负责一天，为了提醒大家，需要轮值班长把当天点赞的同学的名字写黑板上。这，最考验轮值班长的负责态度。每一天，我都会在黑板上看到不一样的名字。

这一周，刘瑞泽尽职尽责的身影深深印在了我的脑海里。

在轮值评价中，他们组的每个成员都获得了优秀等级。

我问学生："这一周，刘瑞泽他们组轮值的怎么样？"

"很好！"

我说："刘瑞泽带领他们轮值班委组做得好，掌声送给他们。"

刘瑞泽不好意思地笑了。

在后面的几组轮值中，也会偶尔有的组出现做不好的情况，只要做不好，就要重新做。

"做不好，重新做，直到做好为止。"这是对轮值班委的要求。对轮值班委要求必须严格，只有严格要求，轮值班委才能发挥真正的作用。如果出现做不好，将就着，他们就会形成将就的习惯，慢慢的，轮值班委就起不到任何作用。

规范交易行为

一天，我看到每日反馈单上，出现了几个特殊的数字：

杨逸轩，路队－21，作业＋40；

李思瀚，路队－40，作业＋21；

李政霖，作业－50；

赵君昊，作业＋50。

我看了好几遍也没看懂是什么意思，于是把李思瀚叫过来问："这些班币，谁给你扣掉的？"

他说："杨逸轩。"

我问："路队怎么扣掉了这么多？"

他吞吞吐吐地说："我买了杨逸轩的物品，不是要举行拍卖会吗？"

我问他："拍卖会开始了吗？"

他想了一下说："没。"

"没有，物品咋拍卖出去的？"

他低头不语。

我说："即使你买了他人的物品，也不应在路队这一栏里扣啊，这是路队方面的班币。"

看来，他们没弄明白怎么在每日反馈单上加班币和扣班币，只是在上面随便找一栏写上了，从而导致路队那一项扣了那么多。

他仍旧低头不语。

我又把赵君昊叫过来："你这个数字是怎么回事？"

他说:"李政霖想看我的作业,说看一次给我 50 个班币。我就给他看了。"

"看一次作业,定的价格很高啊。是让他抄的吧?这样做对吗?"

"不对。"

这显然是一起私下交易,导致了"账单"上的混乱。

"胡闹!先不管你让他抄你的作业对不对,首先你们是在进行随意交易,这是不允许的。再说了,每日反馈单也不是谁都可以写的,只有本周的轮值班委才有资格写。"

我用经济学的办法管理班级,用班币激励每一位学生,每个学生在班里都有自己的劳动岗位,在劳动岗位上能挣到属于自己的"工资"。可以用这些"工资",参与班里举行的拍卖会、跳蚤市场、月末影院等活动,从这些活动中,既可以挣得班币也可以花班币。这些班币的挣得与消费都要在我的掌控范围内,只有举行时,才可以进行,这样是为了避免学生的随意交易,出现混乱。

学生的随意交易会出现什么问题呢?做作业,是学生不喜欢做的事情。学生会拿着班币和其他同学进行交易——抄作业,甚至还会有学生拿着班币找其他学生帮自己做。这样那些不喜欢做作业的学生就会更加懒惰起来。学生不做作业,也就无法巩固知识,成绩可想而知;还有的学生不想做值日,拿班币找其他人替自己干,还有的学生书包也不愿自己背,用班币雇其他学生背;等等。本来是想用班币来激励学生的,交易一旦放开,就会出各种幺蛾子,在班内形成一些不良风气。

为了防止随便交易行为的出现,我对全班讲:"班币的挣得与消费,必须在我们班举行的那些活动中进行,不能自己进行随意交易。自己进行随意交易会产生一些不良情况,比如抄作业啊,让别人替自己做作业啊等等。此外,每日反馈单不是任何同学都能往上填写的,只有本周的轮值班委才有资格填写。"

在运用经济学管理班级之初,我就牢牢把握住这个原则——不允许学生用班币进行私下交易。所以，班币在班里一直处在良性运转的状态，发挥着它的激励作用。

禁止课间打篮球

前几天下午大课间，孙凤鸣指着窗户外面让我看："老师，李一茗、闫步群在打篮球。"我透过教室的窗户看到他们正在和其他年级的学生热火朝天地玩着。

第三节课，他们迟到了，我没有问他们原因。

过了几天，还是下午的第三节课，李一茗、曹胜瑞迟到了。我问："干啥去了？"李一茗说："打篮球。"又因为打篮球迟到。

课间到操场上打篮球的行为，必须给他们改掉，否则他们就会经常性迟到。

周四上午，我从办公室走出门，碰巧的是，班里一群人正在走廊内抢一个篮球。闫步群倒是手疾眼快，球正在他手里，看到我说："老师给你，这是杨逸轩带来的。"

杨逸轩在后面，他的脸马上阴沉了下来，握紧了拳头，走到闫步群跟前质问："你为什么把我的球给老师？"

闫步群振振有词："老师不让带球。"

周围围了很多人，我没有搭理他们。因为有很多人在那里，他们打不起来，即使打起来，也会有人给他们拉开的。我把球放到了办公室，然后来到教室发作业。我又回到走廊，他们还在那里互相对视着，似乎都在等待着对方先出手。闫步群，个子没有杨逸轩高，但是打起架来，也不简单。杨逸轩怒气越来越大。

我见他们火药味越来越浓，一声怒吼："杨逸轩，你想干啥？"我这一吼，把正在路过的王孜烨吓了一跳，杨逸轩和闫步群马上回过头来看着我。

我把杨逸轩推到了一边："你带球来，还有理了？"

然后，我又说："杨逸轩、闫步群，你俩给我回教室。"这时马上就要上课了，因为上体育课，学生都去了操场，教室里空无一人，正好解决他们的问题。我把一个板凳放在讲台上，坐了下来。

"谁还打了？"

闫步群说："李一茗、曹胜瑞、刘旭函。"

"你去把他们叫来。"

李一茗、曹胜瑞来了，刘旭函没来。

闫步群说："刘旭函不来，说没打。"

"他打没打？"

李一茗说："打了。"

"你去把他叫来。"

刘旭函来了，我问他到底打没打。他说只是在旁边看了，没有碰球。曹胜瑞也证明刘旭函没有打。我让他回去上课。

"你们什么时间打的球？"

曹胜瑞说："下午大课间。"

"你们因为打球迟到了几次？"

"好几次。"

"用的谁的球？"

"高年级的。"

"你们上次迟到了，我什么也没有说。我就知道你们会把球带来，果不其然，你们真把球带来了。知道带球来会有什么问题吗？"

没有一个学生吭声。

"可能会把球往雪白的墙壁上打，把墙弄脏；可能上着课，还会用手摸球玩；可能上课迟到……"我把我的推测一一跟他们说了。

效应四　棘轮效应——严格要求

曹胜瑞说："我们没有这样做。"

我说："下一步，你们就会这样做。现在你们是利用大课间打球，以后还会利用平常的小课间打球。"

我问杨逸轩："课间几分钟？"

"十分钟。"

"从教室到操场用多长时间？"

"大约1分钟。"

"从操场到教室多长时间？"

"1分钟。"

"8分钟的时间，你们能打够吗？"

"不能。"

"上了课，刚从操场上跑来，你不需要休息吗？可是，老师已经讲课了。上了课，能安心学习吗？可能沉浸在打球的欢乐之中。你自己算一算耽误多少时间？"

他们不语。

"是耽误大半节课，甚至是整节课。"

他们低头，不语。

"如果上体育课，该怎么玩，就怎么玩，但是利用课间时间来打球，你们可要好好想想了。"

他们一开始只是课间打篮球，现在好了，直接带篮球到校准备随时打。这种想法和行为，必须刹住。

"篮球，先放我办公室，下午放学时再带回家。刚才你们也算过如果这样打下去，会对自己的学习产生多大的影响。那就停手吧，想打的话，体育课上打，放学后也可以打，社团活动时可以打。你们几个好好想想课间应该做些什么，写在纸上，放学前交给我。"

课间时间较短，不适合学生做剧烈运动。一节课迟到没事，但是长期这样下去，就会影响学习。所以，只要发现有这种行为就必须帮他们刹住。

立刻订正

刚接的班，学生没有自主订正作业的习惯。发下作业，学生不看以前的作业评语及等次，打开本子就开始着手写新的作业。这样的作业，就是无效的作业，老师批改了，也起不到任何效果。

课上，我让学生把作业发下去，指导学生修改上一次的作业："在做作业前，请同学们先修改上次出错的地方。在上次作业的下面写上'改'字，然后修改。"

我说着，学生自主修改着。基本上每次作业，都是先让学生在课堂上进行集中修改。慢慢的，大部分学生形成了先修改再做作业的习惯。后来，作业本在课下发，让学生回家做作业。没有了上课的集中修改，没有了老师的提醒，有学生开始不修改直接做作业。

每次批改新作业前，我都要关注前面批改的作业有没有订正，上课时表扬那些及时订正，并且订正认真的同学："王孜烨，及时订正了作业，并且书写也很认真；余璟雯，及时订正了作业，虽然这一次作业只错了一个字，也认真改了……"在表扬中促进学生订正作业。

还有的学生就是不能及时订正，那就把他叫到办公室来订正。马瑞轩、姜炎虎等同学的作业每次都不订正，我把他们叫到办公室来订正。第一次发现了，叫过来订正，第二次发现了，叫过来订正。连续叫几次，他们终于有了自主纠错的意识。

课后作业如此，课堂练习也应如此。

上课，继续学习第八单元的《古人谈读书》。

"给大家留出两分钟的时间，先把昨天学的注释背一背。"一共有 12 个注释，不多，每个注释也不长，在讲课时，已经带领学生对课文进行了理解，两分钟，应该能够背过。

渐渐地，学生背诵的声音小了，渐渐地，没了声音。我一看表，五分钟了。

"背过了吗？"

"背过了。"他们齐声喊道，信心十足。

"拿出本子来。"

我没有让他们背，而是我说词语，让他们写注释。这一写不得了，写一个错一个，写一个错一个。我巡视了全班同学的情况，错得惨不忍睹，几乎没有全对的。

我说："写完的，打开书对照一下答案，写错的修改。"

给他们留出了修改的时间，他们认认真真修改。

我说："把写错的，再记一记。"

几分钟过后，我又让他们写词语意思。这一次，写对的很多。

"有的学生能背过，但是写不出来。可是语文考试，考的是学生的书写，而不是口头背诵，背过了只是第一步，还要把背诵的内容写出来。"我这样跟学生说。

第一课《草原》的第一自然段，学生反复背诵了不知多少遍，班里没有一个学生背不过。我本以为，学生默写肯定不是什么问题。

"请同学们拿出本子，默写《草原》的第一自然段。"

教室里安静极了，只听到笔尖摩擦纸发出的声音。

写完后，我立刻给他们批阅。

主要出现了这样几个写错的字，"底、染、勒、既"等。还有几个学生写错了其他字。

下午第一节课，我把默写的内容发下去，让学生对照课本进行自主修改，重点讲了这几个写错的字。

学生改完后，我说："下面再次默写。"

学生写完后，我又进行批阅，这一次写错的学生已经很少了，大部分能够全写对。

刘瑞泽拿着我给他批的默写内容，找到我，纳闷地问："老师，这个渲染的染没有错啊，你看，书上就这么写的。"他用手指了指书中的"染"。

我故意严厉地说："你看看'染'字，是上下结构还是左右结构？"

他仔细一看书，再看看自己写的字，不好意思地笑了。

写，是语文的重头戏。教材中要求学生背诵的内容，毫无疑问地都应落实到写上。可是一旦落实到写上，学生就会出错。

学生做作业是检测自己对学习内容的掌握情况的一种方式。学生交上作业后，教师批阅完，最重要的一件事就是对作业进行讲评和订正。

学生写了，老师就要及时进行批阅，并且要求学生立刻进行修改。只有教师要求学生及时修改，才能帮助学生真正改正错字。学生自己改不对的，教师就要一对一进行讲解。在学生的学习上来不得半点含糊，才能教给学生认认真真学习的态度。错了，立马改正，这就是一种好的学习习惯。

帮他树立自信

班里成立了三家"公司"，为了给他们找点活干，也为了发挥他们的作用，我决定在班里组织一次听写大赛。组织本次大赛的目的是为了帮助后进生写好生字，巩固好基础。

我特意挑选了班里九名后进生，吴成龙、马瑞轩、郭子涵、刘瑞泽、孙明辉、高建超、刘云杰、董子轩、孙凤鸣。把他们的名字分别写到小纸片上，折叠起来，让他们三家"公司"派代表上台抽取。

我说:"这三家'公司'分别抽取代表,代表你们公司参加听写大赛,评出一、二、三等奖。只有一、二等奖有班币的奖励。"

他们上台后,分别抽取了三张纸片。打开后,一个个表情都是那么痛苦。

"把你们抽到的名单,读一读。"

杨逸轩的表情,那是一个痛苦:"吴成龙、郭子涵、马瑞轩。"读完后,大家都笑了。在最后面的,全被他抽到了。

我把所有人叫出去:"这次你们三家'公司',要努力帮助他们听写,要制订好计划,一天听写一课,一遍写不过写两遍……我们还要对前两家公司进行班币奖励,参与听写的同学也有奖励。"为了能给他们留出充分的准备时间,我说:"星期五咱们听写,你们有四天的准备时间。听写十课的词语。"

马瑞轩插嘴说:"我一遍就能写过。"我没有搭理他。

吴成龙问我:"可以不参加吗?"

班里的任何活动,他都不想参加,轮值班委不想参加,听写比赛不想参加。他不想参加,究其原因是对自己不够自信。一次次地允许他不参加,一次次地造就了他的不自信。

这一次,我没有再次允许他不参加。我看着他,严肃而坚定地说:"不——行——"

他的眼泪唰的一下流了下来。

面对他的眼泪,我没有心软。我让其他同学进了教室,只留下了他和杨逸轩,我对吴成龙说:"你要相信自己。自己没写就认为自己不行吗?"

这次杨逸轩还不错,没有抱怨他:"对啊,你得相信自己,不试怎么知道自己不行呢。"

我说:"人家杨逸轩全心全意去帮助你,你放心,有他在你肯定能写过。"

杨逸轩拍着吴成龙的肩膀说:"我们公司有句口号——没有什么不可

能，你要相信自己。"

我说："晚上，杨逸轩可以到你家去给你听写。"

"对，我家离你家只有一个路口，晚上我可以去的，也可以通过微信给你听写。"

我知道吴成龙的基础很差，要想写好词语，就得多花时间。我说："这样，你们课间操不用跑操了，可以在教室听写。"

杨逸轩高兴了。

我说："你们回教室吧。"

杨逸轩说："老师，我可以在外面跟他待一会儿吗？"

我点了点头。

他们大约在外面待了五分钟。

在课堂上，我公布了听写的内容："为了减轻大家的负担，咱们只听写前五课的词语。"杨逸轩冲着吴成龙竖起了大拇指，意思是你肯定能行。

他们两个在外面到底说了些什么，我比较好奇。于是第二天找到吴成龙问："昨天，杨逸轩对你说了什么？"他说："只是鼓励我的一些话。"到底是怎么鼓励他的，我更加好奇。于是问杨逸轩："你是怎么鼓励吴成龙的？"他说："我看到他家里有很多玩具枪，我猜他肯定对这样的玩具感兴趣。我就对他说，要是你能让我们'公司'得第一或者第二，我就奖励你玩具枪。于是他就高兴地答应听写了。"

我表扬他说："还是你有办法。"

吴成龙基础确实差，还不是一般的差。

两天下来，只听写了两课。我问杨逸轩："怎么才听写了这么点？还有两天就进行听写比赛了。"杨逸轩说："我晚上通过微信给他听写的，他错的太多，我先教给他怎么读。把出错的，先让他写下来，过会儿我再给他听写……"

每个课间，他们几乎都在一起听写。

星期五的听写比赛，如约而至。

我一边读词语，一边巡视，发现吴成龙空着很多。

听写完，收上来，批阅完。吴成龙、刘瑞泽、郭子涵，错比较多。不过，吴成龙是倒数第三。上午第二个课间，杨逸轩跑到我办公室问我："老师，出来了吗？"我拿出他们听写的那些纸，让他看。他看了一遍说："完了。"我说："吴成龙还不是最差的，不是倒数第一。"

下午上课前，吴成龙问我："老师，我听写咋样？"

我故意吊他胃口说："等会儿再说。"

学生上前汇报完毕一天的轮值情况后，吴成龙又走上来问。

我说："你不是倒数第一。"

"倒数第二吗？"

"也不是。"

"那是第几？"

"倒数第三，这个成绩还不错。"

"耶！"他高兴得一蹦老高。

我告诉他："没有什么不可能，只要自己努力，一切皆有可能。"

杨逸轩对他说："乾坤未定，你我皆是黑马。"

经过这一次听写，他对自己充满了自信，不再遇事退缩。

整顿路队

放学路队，分两路纵队，很容易走整齐，前后、左右两两对齐，整个路队看起来就很整齐。可是，刚开学没几天，我班的路队就不成样子，竖排不齐，横行也不齐，三三两两。学校要求，每个班放学时，背诵古诗词。我专门找了大嗓门的闫步群，让他带领大家背诵。谁知每次背诵时，总是那几个听话的学生在背，还有的学生背诵声音很小。

放学路队，能体现一个班级的风貌，整齐地走好了，就是学校中的一道靓丽风景线。像我们班这种情况，不但不能体现美，反而成了一种乱。放学路队时，要做到乱很简单，不按照放学路线走，想怎么走就怎么走，随着自己的意愿来；背诵古诗时，不用大声背。可是一旦形成了这样的氛围，就很难改正。

面对班级在开学初刚出现的这种情况，必须立刻采取措施加以纠正。

一天下午放学站队时，学生三三两两地来到教学楼前集合，有说有笑，优哉游哉，显然成了自由大兵。

杨召越叫姜炎虎回头看教学楼，刘丹阳转身跟身后的吕安懿说话。李一茗和吕思聪才背着书包慢吞吞地从教学楼走出来。负责管理路队的学生在一边管理着，他们不听。我站在他们路队后面静静地观看着队伍里发生的这一切。

其他班的队伍已经站好队，陆陆续续往学校外走去。我走到队伍的前面。闫步群以为可以走了，于是便领背古诗："宿建德江，齐背。""宿建德江……"队伍里，只有几个学生发出了声音，后面的学生该怎么说话，怎么说话。

我见到这种情况，脸立刻严肃了起来，大声吼道："停！"

我停顿了几秒钟的时间，在这几秒里，校园也异常地安静。我说："把队伍带上去，重新下楼，什么时候能整齐地下楼，什么时候走。"不到两分钟的时间，他们整整齐齐地带下了楼。整齐，不是他们做不到，而是他们没有这种意识。只要有了这种意识，他们就能走整齐。

我说："走路时，南侧的同学踩着地上的白色小脚丫，同时左右对齐。放学路队必须走整齐。"地上的小脚丫是为了让学生上学放学时整齐行走的标识。

我对全班严肃地说："如果在行走过程中，有学生出队，那么你将从队伍中出来，然后跟在全校最后一个班级后面走。这不是针对某一位同学的，而是针对这种行为的。我会全程对你们监督。"

效应四　棘轮效应——严格要求

我说:"走吧。"王凤仪喊了一声:"齐步走!"全班开始往学校外面走去,我站在队伍的一侧。

走着走着,刘旭函习惯性地出队了,与前面的学生不对齐,我把他叫出了队伍,孙凤鸣出队了,我也把他叫了出来。最后,他俩跟着最后一个班级——六年级三班离开了学校。

第二天的放学路队,郭子涵出队了,我把他叫了出来……

第三天,刘依涵走出了队伍,我把她叫了出来。

每天总有几个学生,因为走不齐,被我从队伍里叫出来,等到其他班级走完后,最后离开。

不管是男生还是女生,只要做出这样的行为,都将会被叫到队伍外面来。

这一学期,我没有上课后服务,到点下班后我就离校。上课后服务的老师负责放学路队。因为不是班主任送路队,学生在路队里有说有笑,队伍很散乱,不听负责路队的轮值班委管理。开"罚单"吧,还达不到三次,无法开,轮值班委只能对违纪情况进行记录。

我跟学生说:"放学时,只要轮值班委记下说话、打闹的同学,第二天中午,晚走五分钟。"

李翰东,是个很负责的轮值班委,每天都把在路队中违纪的学生给记录下来,第二天在班内进行反馈。被记录下来的同学,第二天中午放学后,晚走五分钟。

我这样说的,也是这样做的。不管是男生,还是女生,只要违纪了都要晚走。不管是回家吃饭的,还是在学校食堂吃饭的,只要违纪了都要晚走。

逐渐的,队伍整齐了,安静了。

按时完成值日

六年级的卫生区是教学楼前的花池、广场和广场前的公路。我班分得了一半的广场和一半的公路。公路旁有几棵树，秋风一吹，树叶纷纷往下落，没有风的时候，树叶也往下落，所以卫生区比较难打扫。地上的树叶多。树叶刚被扫起来，风一吹，跑了，不得不重新再扫。可是到了冬天，树叶已经落光了，打扫起来应该很快，只是捡捡地上偶尔出现的几张纸即可。谁知到了冬天，学生还是拖拖拉拉打扫不完。

周三早上，我执勤，早到了学校，看到杨依荨、郭珂嘉、余璟雯三位同学已经来到卫生区拿起扫帚开始打扫。我告诉她们扫一扫地上的纸就可以。7：30我往教室走，发现她们还在打扫。地上的纸，本来就不多，用不了几分钟就能打扫完。我没有管她们，自己回教室。

7：50，晨读已经开始，她们拿着笤帚回到教室。不一会儿，焦校长来到我们班，把我叫了出去，跟我说："今天早上我从你们班卫生区经过时，发现你班在卫生区打扫卫生的人太多，凑到一块在那里说话。一片纸，她们在那里围在一起扫，一直扫不到簸箕里。打扫起来，太慢。"

我心中非常疑惑，卫生区也不脏啊，怎么会这么慢？

焦校长说："你要责任到人，不要用那么多人。"

我心想，人也不多啊。

......

我回到教室后，问她们，为什么这么长时间还扫不完？她们个个不语。

挨个把她们叫出教室问：扫地的时候干什么了？

杨依荨说，说话。

效应四　棘轮效应——严格要求

郭珂嘉说，说话。

余璟雯说，说话。

居然负责检查卫生的张皓森也说话。

没想到打扫卫生竟然成了他们一次聊天的绝佳机会，大冷天的难道她们不嫌冷？

"为什么在外面说话？"我追问余璟雯。

她不说。

"是不是不想晨读？"我一语中的，猜到了原因。

她点了点头。

杨依荨的答案也是这样，郭珂嘉的答案也是……

晨读的时间，有点长，他们当然不愿意坐在教室读，在他们看来外面即使冷点也无所谓，聊聊天总比费尽力气的读书要好点。

为了提高打扫卫生的效率，杜绝打扫卫生时聊天，我根据每次每组打扫卫生的人数，把卫生区分成了四块区域——广场东侧、广场西侧、花池和公路，每人负责一块。这四块区域的卫生打扫起来难易程度不一，有的难打扫比如花池经常出现碎纸，有的容易打扫，见不到任何碎纸。如何公平安排呢？我把划分的四个小卫生区分别写到四张纸片上，谁抽到哪一张就打扫哪一个。这样就排除了人为因素。让打扫卫生区的学生上来抽取。

我说："谁先打扫完自己负责的那块，谁就先找负责检查卫生区的同学检查，合格后回教室。当然，你也可以帮助没打扫完的同学，但是不能在一起聊天。"这样就避免聚集到一起聊天了。

同时，我也在班里给打扫校园卫生的学生立下了这样的规矩——上午必须在7：40之前，下午必须在1：25之前打扫完并坐在教室里，否则一律获得一张"罚单"。

下午，还是今天上午打扫校园卫生的同学打扫，她们在1：20就已经打扫完卫生并坐在了教室里。

以后的卫生区，都能按时打扫完。

聘任"行长"

"班级银行"中,最重要的一个职位是行长。行长需要每周一根据轮值班委提供的岗位劳动情况——加了多少班币,扣了多少班币——给每个同学核算、发放班币。

行长需要责任心强的学生来担任,需要做到每周能按时完成班币的核算与发放。

我对学生说:"'班级银行'"行长的选择,首先是自愿,条件是责任心要强。如果你认为自己责任心比较强,可以参与竞选。银行行长有两个月的考察期,在这两个月内能按时核算、发放班币,就会被聘任为正式的行长。如果多次出现失误或者没有按时核算工资,那么就不会被聘为正式行长。想当行长的请举手。"

有六个学生主动报名参加,分别是杨依荨、贾炜宸、董承俊、郭知慧、张皓森、李政霖。

既然他们这么积极主动,那就让他们全部担任了行长,没有再进行竞选。班级总人数为48人,每人正好负责8个同学的班币。

他们上任的第一周,我提醒他们不要忘了给同学核算,第二周没有提醒。

周一下午班会要给同学们发班币,我问:"六位行长,都算好班币了吗?"

"算好了。"

让他们上台给同学们发放班币。

第一个月,六个行长都能按时发班币。因为新鲜感驱使着他们去做。

可是第二个月,有的行长就出现了问题。我在翻阅他们账单时,发现

效应四　棘轮效应——严格要求

贾炜宸的没算，李政霖的没算，张皓森的也没算。我逐一询问他们怎么回事。

李政霖说："忘了。"

张皓森也说："忘了。"

贾炜宸也说："忘了。"

董承俊说："我都提醒他们算，他们就是不算。"

我对那三个组的同学说："贾炜宸、李政霖、张皓森因为忘了给你们算班币，那么你们组这一周就白干了，班币发不下去了。"

三个组的同学伤心极了。

第一次出现，情有可原，可是第二次又出现了。

我翻阅李政霖负责的账单，发现上面计算乱七八糟，数字划掉了再写，写了再划，并且写的数字是多少都看不清，还有的出现了计算错误。

我指着其中一个我看不清的数字，问他："这是几?"

他看了半天，也看不清。

"这个地方为什么减?"只要加或者减，都要备注，他没有备注。

他自己也说不清为什么减。

张皓森呢，计算也是错误百出。

贾炜宸，直接被郭子涵给投诉了，班币给他算错了两次。

显然，他们都没有用心核算。

两个月的试用期已到。我把李政霖、张皓森、贾炜宸叫来问："这段时间，行长当得怎么样?"他们几个说不好。我说："按照规定，你们仨，将不会被聘为正式行长，也就意味着不能再干了。"因为早就有言在先，他们没什么怨言。

在班会上，我说："银行行长有两个月的试用期，在试用期内不出现失误的，将会被聘为正式行长。出现失误的，将不再担任。"

我在大屏幕上投出"班级银行行长聘任仪式"几个字。

"被聘为行长的是，郭知慧、杨依荨、董承俊。有请这三位同学上台领取聘书。"

他们自豪地走上台，我把聘书发给他们。

我对他们三个说："因为你们的认真负责，才被聘为行长。行长一职是班级银行中比较重要的职位，也是班内比较重要的一个职位，仅次于班长。祝贺你们成为正式行长。"

全班响起了热烈的掌声。

"在担任正式行长期间，行长将享有一定的班币待遇。"我对他们提出了更严格的要求，"如果出现失误将从你们的班币中扣除，弥补给因你们失误而造成损失的同学。第二次出现失误，将直接辞退。"

自从正式行长上任以来，从没出现任何失误。他们，每周一早早算完班币，每周一下午第三节课都能准时发放班币。

效应五　马蝇效应——驱动个体

马蝇效应，是指再懒惰的马，只要身上有马蝇叮咬，它也会精神抖擞，飞快奔跑。

——《最神奇的经济学定律》

一天，林肯和哥哥在犁地。林肯赶着马，哥哥扶着犁。那匹马时而走走停停，时而走得飞快。林肯感到十分奇怪，到了地头，发现有一只很大的马蝇叮在马身上，好心的他把马蝇打落了。看到马蝇被打落后，哥哥就抱怨道："你怎么打掉它了？正是那家伙叮咬着马，马才跑起来的！"

没有马蝇叮咬，马慢慢腾腾，有马蝇叮咬，马跑得飞快。这就是马蝇效应。马蝇就如马身上的驱动机，驱使着马不断地向前奔跑。

班主任要让学生努力学习，好好表现，就要想办法驱动学生。每个学生的脾气性格不同、喜好不同，因此所需要的驱动力也不同。有经验的班主任在管理班级时，总是会摸清每个学生的特点，根据学生特点采取针对性的措施，对学生进行管理，比如有的学生喜欢表扬，那就表扬他；有的学生喜欢替老师做事，那就找点事让他做……这些针对性的措施，就如那匹马身上的马蝇，驱动着学生努力地做事情。

作为班主任，要善于在学生身上放一只能驱动他的"马蝇"。

哄哄他

接手这个班的第二个星期四的晚上，杨逸轩妈妈给我打来电话。

"田老师，我是杨逸轩妈妈，孩子最近表现怎样？"

杨逸轩是一个比较活跃的孩子，刚接手这个班向邱老师了解情况时，她说这个孩子能力比较强，还是班长，但是比较有个性。所以，这个孩子给我留下了深刻的印象。

每次上课，都积极举手回答问题，不管问题难还是容易。班里的事情交给他，也能麻利地给做完。

我快速在大脑中回忆这段时间以来他的表现，说："上课比较活跃，能积极举手回答问题，从课堂表现来看，还不错。"

他妈妈说："我家这个孩子吧，脾气比较急，有时在家也不听话，我是整天生气。他以前作业也不怎么做……"

她跟我说了自己孩子一大堆的不是。这样，我也对他有了更加全面的了解。

最后，她说："我家这个孩子比较难管。老师，您就多费心吧。"

一段时间后，我发现，确实就像他妈说的那样——难管。

随着时间的推移，他的作业开始出现不做的情况。已经连续发生好几次了。

有一次，他的语文作业又没交。我问他："作业呢？"

他毫不犹豫地说："忘家了。"

我也是吃了秤砣铁了心，非得向他要出作业来不可："打电话，让你家长送。"

我把电话给他，他打通了电话："妈，我的语文作业忘在我屋里写字桌上了，你帮我找找。"

她妈找了找说："没有啊。"

"没有？不可能啊，你再找找我的床上。"他妈妈找了半天，愣是没有找到，显然他是在撒谎。

我接过电话，跟他妈交流了一下作业的事情。

可这也只管了几天，后来，他又出现不做作业的情况。作业，能反映出一个学生的学习态度。临近期末，他的作业仍旧马马虎虎。就这样过了一学期，期末考试成绩出来了，他的成绩下降得很厉害。

新学期刚开学，我找他谈话："你认为上一学期考得怎样？"

他摇了摇头，说："不好。"

"出来成绩后，思考过问题出在哪里吗？"

"学习不认真，作业不认真做。"他倒是很有自知之明。

"这些都是学习态度的问题。你上课还是非常认真的，能积极举手回答问题，其他同学想不出来的，你都能思考出来，这说明你很聪明。但是书面作业，就不行了，要么书写潦草，要么应付完事。这一学期，你可要加油哦，争取考到咱班的前面去。首先从作业方面改进。"

他点了点头。

刚开学两周，他的作业能够按时交。我就在全班表扬他："你们看，现在人家杨逸轩的作业能够按时交，并且还写得很认真。"两周过去了，他的作业继续坚持交着。看来，他是吃软不吃硬。

又过了一个月，他的作业开始逐渐潦草起来，我担心他坚持不了多久。于是，利用周末时间给他妈妈打了个电话，问他在家的学习情况。给他妈打电话时，他正好不在家。我就告诉他妈："杨逸轩回来后，一定要把我给你打电话这件事告诉他，并且还要说你看田老师对你多关心，周末还关心你的学习。"

嘿，没想到这个电话，还真管用。

我看到他的练习本上有两行歪歪扭扭的字："好好学习，你就是金锭。

不学习，你就是便便。"显然，他是用这些话语，来激励自己。我指了指本子上的字，问："这是啥意思？"他笑而不答。我冲他竖起了大拇指。

一个学期下来，他的作业完成的还算可以，偶尔出现不交的情况，但是比较少。

元旦放假的第二天中午，我正在午休，杨逸轩妈妈打来电话，没接到。紧接着响起了第二遍，那肯定有事，我接了起来："田老师，有件事我问问你。"我听到电话那边传来了杨逸轩的哭泣声，并且还说："让我说，你说就变了味。"看来他又跟家长闹别扭了。我说："你把电话给杨逸轩，让他跟我说吧。"

杨逸轩哭着跟我说："英语老师让做试卷，把做完的拍照发群里，我的作文已经想好了怎么写，我还没写，想看看其他同学怎么写的，然后再写，我妈就说我抄袭……"他一边抽泣着，一边把话说完。他那点小心思，我还能不明白，肯定不能像他说的那样。但是，我不能与他硬碰硬，于是安慰他说："你是不是想把作文写得更好，才先看别人的再自己写？"

他说："嗯。"

如果我给他断定为"抄袭"，他就内心更不舒服了，于是进一步安慰他："你这种上进心很好。你可以先把自己想的写下来，再借鉴其他同学的。作文都是修改出来的，哪有一下就写好的。"

我从电话的一端，感觉到他的心情已经平复了很多，于是说："你让你妈妈接电话，我跟她说几句话。"

他妈接过电话来说："……本来一个假期，我不想打电话麻烦您，我跟他讲道理不听，他爸给他讲也不听。后来，我就急了，我问他，你听谁的？他说听田老师的。实在没办法才给你打了电话……"

她为自己打电话感到愧疚。当听到他说"听田老师的"这句话时，我内心还是比较火热的，心想既然听我的一切都好办了。

我也安慰了他妈几句："你这孩子，吃软不吃硬，要哄着他，别看他个子挺高的，还是个孩子。你要去哄，去鼓励，他就会有满身的力气。"

在距离期末考试的几天里，他学习特别认真。

请他帮忙

在小学生眼里，帮老师做事，是一件无上荣光的事。课上，要用红笔给学生批改作业，我对附近的学生说："用一下你的红笔。"只要听到的学生，都会快速翻动自己的笔袋，还没等那位学生拿出来，后面的学生就快速地把自己的红笔递过来，自豪地说："老师，给。"这就是小学生。

老师的课间奶和学生的一块儿发到班里，课间我不在教室，就让发课间奶的学生帮我送到办公室。我的办公室在一楼，学生搬课间奶的地点在一楼门厅。学生搬着课间奶往教室走，正好经过我办公室门口，顺路把我的课间奶放下，不费事。但是我没有让他们这样做，而是让小鸣做。小鸣是个后进生，不爱学习，爱闹腾，干什么事都是三分钟热度。我在班里说："以后，我的课间奶，就由小鸣送，他就是我的课间奶送货员。"小鸣高兴极了。

每个下午的大课间，他都会乐呵呵地拿着课间奶，跑到我办公室，说一句："老师，你的奶。"放在我桌子上，扭头就走。

昨天早上，我骑着电动车行驶在赶往学校的路上，电话响了起来。掏出手机一看，是小鸣的电话："老师，我请假，哮喘又犯了，得去医院打针。"

今天上午，他来了，坐在座位上认真听课，还时不时举手回答问题。上课时，让学生默写古诗，我在他们中间巡视。我走到他那里时，他说："老师，我下午又得请假。""还去打针吗？"他点点头。

我跟他开玩笑说："下午，我的课间奶怎么办？没人给我送啊。"

他立马说："老师，我安排好人了，让常家硕去送。"没想到他考虑得如此周到。

我说:"他经常把这件事给忘了,只有你才是做事认真的。"

他也听出来了,说:"老师,前几天,是我生病不能到校,所以没法给你送。我今天下午又要请假,那可怎么办啊?"

听到他这么说,我心里倒是有点高兴,以前毫无责任心的他,现在有了责任心。

我对他说:"你先学习吧。"

第二天,大课间。李超群来到办公室,拿着一盒奶,递给我说:"老师,给你课间奶。"我惊讶地看着她:"不是你送啊?"她连忙解释说:"这是小鸣昨天跟我说的,让我替他送,还再三嘱咐我不要忘记。"没想到,自从让他给我送课间奶,他便拥有了责任心。

班里三块路队牌,其中放学路队两块,一块南队使用,一块北队使用,另一块就餐路队使用。半学期不到,班里的路队牌就不齐全了,一块被闫步群给弄丢了,另一块被常家硕弄断了,只剩一块完好无损。

闫步群弄丢的那块,让他找广告部制作,家长找了好几家都不做。每次检查路队,我们班总会因为没有路队牌而被扣分。

一天,小鸣对我说:"老师,我能给咱班带来一块路队牌。"

我有些诧异,便问:"你是怎么弄到的?"

他说:"我让我叔叔给我做了一块。"

"为什么要做?"

"我看班里没有路队牌,就跟叔叔要了一块。"

我说:"太好了,那就带过来吧。"

第二天下午,他把一块跟班里一模一样的、崭新的路队牌,递给了我。我说:"给王孜烨,他负责带领北边的路队。"

上课时,他跟我说:"王孜烨不想要。"

我问王孜烨:"你为什么不要?"他沉默不语。

我说:"既然王孜烨不想要,那你拿着吧,你负责带领北队。"他很高兴，脸上露出了笑容。我忽然话锋一转："还不行。"他脸上的笑容马上收敛了。

我说："下午的课后服务，你又经常不来，北队没人拿路队牌了。"上一学期的课后服务，他一共上了七天。放学后，他不上课后服务，而是去小饭桌，在那里玩手机。他马上说："老师，我奶奶让我来。"我又说："那也不行啊，你经常生病请假，万一你又请假了，不是还没人拿路队牌吗。"他说："我的病好了。"可以看出，他对担任路队长非常在意。

有段时间，他经常因为"生病"请假，不是肚子疼，就是眼疼。有几次，联系他爸爸来接他，他爸爸说，先让他在学校待着，放学后再让他回家，如果一生病就回家，他会习惯的。我也无法辨别他的病是真是假。

自从他拿上了路队牌后，再也没有因为"生病"请过一次假。他还把这个任务告诉了自己的奶奶。他奶奶特意打电话跟我表达谢意："小鸣跟我说，你让他拿路队牌，他可高兴了。"

有时候，让学生去做一件事，这件事就能驱动他，就能改变他。

帮同学听写

眼看就要学完整册语文书，可是刘瑞泽、姜博晨、马瑞轩、董子轩、姜炎虎的基础知识不扎实，生字听写出错率较高，背诵的课文背不过。如果这样下去，期末考试的基础知识部分肯定会丢分。到了期末复习阶段，时间紧任务重，再帮助他们夯实基础知识，唯恐来不及。我让其他同学帮助他们听写生字。

为了调动学生的积极性，我采用了奖励班币的办法：每天听写两课；被帮助的同学可获得5个班币；帮助他人的同学，可获得10个班币。

帮助他人的同学自愿报名，与被帮助的同学结成帮扶对子。凡事只有自愿，才会主动，才会有劲头。

刘瑞泽、马瑞轩、董子轩、姜炎虎，都有别人主动帮他们，唯独姜博晨没人主动帮。我在班里再次问："谁想帮姜博晨听写？"

"我。"郭子涵立刻举起了手。他很积极，但是成绩不怎么好。闫步群也举手了，他的成绩倒是还可以。

我犹豫了片刻："那选郭子涵吧。"其他同学把怀疑的目光投向了他。郭子涵与闫步群相比，成绩差了点。让他帮姜博晨听写，在一定程度上也能促进他的复习，最起码能让他在听写过程中会读生字。

课下，我单独跟他说："你一定要认真帮姜博晨听写，不要辜负我对你的信任，你看我都没选闫步群，这是我信任你。一定要好好把握住这次机会。"

他说："老师，你放心好了。"一番谈话，给了他一点鼓励，也给了他一点压力。

每天下午，我到教室后，他就会拿着听写的纸，找我："老师，这是我给姜博晨听写的。"

我总会夸赞他一句："你真厉害！我没选错人。"他很高兴。

有时课间，我到教室去，看到他在姜博晨那里给他听写，总会抓拍一下他俩听写的样子。我走过去问他："姜博晨愿意听写吗？"

他说："不愿意。我每次找他听写，他都说不想写。我就说，不想写，那就到田老师那里去写。结果他就乖乖地写了。"

我夸赞他："嘿！你这办法好啊！"

我又问他："你给他听写，你写过了吗？"

他说："每天晚上，在家爸爸都会给我听写。我都能写过。"

我冲他竖起了大拇指。

上课，我把他俩的照片投放在了大屏幕上。

"你们知道他俩在那里干啥吗？"

马瑞轩不怀好意地笑着说："两个在那里玩卡呢。"

我说："错。"

王凤仪说："他俩在那里听写，几乎每个大课间，郭子涵就跟姜博晨在一起听写。"

我说："对。你们再看这张照片，他们多认真。其他相互帮助的同学，要向他们学习。他们几乎每天都坚持着，简直就是黄金搭档。"

这一周，郭子涵的班币越挣越多，成为了那一周的首富。我对全班说："这一周，郭子涵的班币挣得最多，那是因为他靠自己在课下给姜博晨听写挣得的。"

正式开始复习了，上课听写，全班全对的不多，也就四五个。但是，姜博晨和郭子涵每人只错了一个。我在班里表扬他们，在家长群里表扬他们。他们品尝到了成功的滋味，学习更认真了。

问问题

学生在学习过程中遇到不会的问题，很正常，也很普遍，比如老师讲的内容没有听懂，在做习题过程中遇到不明白的，学习过程中产生了疑问等。遇到不会的问题就要解决，解决了就有提升。可是，学生主动问问题的情况几乎没有。学生不问问题是上课都听明白了吗？上课讲的都会了吗？不是，而是没有一种问问题的习惯和风气。有的学生是害羞，不好意思问。他们感觉问题不会，对自己的学习没什么影响。但是如果不问，他们也就永远搞不懂。他们不问问题，久而久之就形成了一种懒惰的习惯。

为了打破这种状态，提高学习效率，形成积极主动的学习风气，我做学生工作说："遇到不会的问题，一定要解决。这些问题，是你们学习中的拦路虎。上课，老师讲了，你不一定能听懂，听不懂的要问，否则，你就不能掌握牢固。到考试时，就不会做。现在，把不懂的问题，弄明白了，考试自然能得一个高分。"我跟学生讲了道理，并且还向学生提出了要求："每个学生从今天开始，至少从语文、数学、英语三门学科中，找一个自己搞不懂的问题，可以问老师。如果你不好意思问老师，那就问同学。总之，要解决自己不会的问题。"

课下，杨逸轩拿着"同步练习"找我："老师，这个地方写什么？"我看了一下，告诉他如何做。

郭子涵看到我把作业写到了黑板上，问我："老师，这个问题是这样写吗？"这是上课讲的一个问题。对于他来说，能主动提出问题，已经很不错了。

他们两个的行为，我看在眼里，记在心里。第三节课，我在班里表扬他俩："今天，杨逸轩和郭子涵两位同学，主动向我问问题。同学们应该向他俩学习，学习他们爱思考的精神。"紧接着，我问学生："今天，问问题的，请举手。"结果只有五个学生举起了手。这样的情况，也在预料之中。

没有一个驱动，学生是不会去主动问问题的。小学生，唯一的动力就是玩。玩，不需要任何外界的驱动。我说："只要问一个问题，就可以免去今天的一项语文作业，作业少了，你们玩的时间也就多了。"李思瀚问："老师，如果问三个问题，今天的三个作业就全免去吗？"我说："你想得美。"其他同学哈哈大笑起来。"一天最多免一项作业。"学生为了免去一项语文作业，果然在课下开始问起了问题。

在问问题的过程中，他们有的只是为了问而问，比如问一些低级的问题——有的学生拿着"同步练习册"问某一课中某个字怎么写。他们提不出有价值的问题，但是只要行动起来，就能打破那种不敢问、不好意思问的情况，就会形成问问题的风气。问着问着，就能问出有价值的问题，问着问着就能问出自己的真问题。

"公司"的新业务

到了六年级，我让学生在班里自己成立"公司"，承担班里的一些事务。杨召越成立了"吐槽公司"，杨逸轩成立了"你懒我干公司"，李思瀚成立了"问题公司"。

他们每家"公司"，都有自己的核心业务。吐槽公司主要是帮助他人吐槽，你懒我干公司主要是帮助他人接水、扫地，问题公司主要是帮助同学解答问题。

明智的班主任，在进行班级管理时，总会在一些方面留白，让学生自主想办法解决遇到的问题。以前班里没人干的活，自从成立了"公司"后，他们都抢着干。为了让优等生课下帮助后进生听写生字，我在班里说："自己学习好，不是真正的好，你还要帮助其他同学，在帮助其他同学学习的过程中，也是进一步复习、提高自己成绩的过程。"

学生自主创办的"公司"，我允许他们自主开展业务，但是也需要对他们进行引导。

我对学生说："从今天开始，咱们三家'公司'开始开展新的业务。新业务就是，每家'公司'帮助四个同学完成语文的复习工作。"

我看了看三家"公司"的负责人，杨逸轩叹了口气，小声嘀咕着，"又不能玩了"，杨召越面无表情，李思瀚瞪大了眼睛。从他们的表情中，我看出了他们的不情愿。

如何才能激发他们的积极性呢？只有激发起他们的积极性，发挥他们的主动性，才能真正帮助后进生。

"如果你们三家'公司'不愿意开展这项业务，我可要在班里开一家'公司'开展这项业务了，专抢你们的生意。"我说完，学生哈哈大笑起来。

马瑞轩说:"老师,你想成立什么'公司',我要加入。"

郭子涵说:"老师,我也想加入。"

"哎呀,没想到我的'公司'这么火,还没成立就有想加入的。你们三家'公司'想做这项业务的请负责人起立。"

唰,李思瀚、杨逸轩、杨召越这三位负责人同时站了起来。

在我即将成立的"公司"刺激下,他们终于选择了这项新业务。

杨逸轩说:"老师,我有个困难,就是每次找他们复习,他们就是不干,一下课就找不着人,找到人后,让他们复习,他们就说,我不复习怎么着,你能拿我怎么着。"

"对,我也有这样的困难。"杨召越说。

我说:"所以啊,我就成立一家'他人不要'公司,专门收这些学生。首先说好,我的'公司'服务态度肯定不如他们三家'公司'的态度好。我找不到人,可能会训你,不但训还会罚。"

大家笑了。

"各个'公司'帮助哪些同学复习呢?为了公平起见,到下午第三节课,'公司'负责人抽取名单。"

每个后进生的基础不一样,掌握的情况也不一样,有的学生需要复习好多遍才能记住,有的只需要两遍就行。所以,要帮助他们复习好,付出的努力程度不一样。谁都想选择不用付出很多,就能掌握好的学生,因为这样会很轻松。通过抽签的形式,对他们来说算是比较公平。

我制作了一张表格,打印了12份,上面是每课的复习内容和要求,无非是把课文读熟,生字听写过等。我从班里选取了12个语文成绩不理想的学生,在一张表格上写一个同学的名字。

三家"公司"分别随机抽了4张表格,逐一在全班面前公布了自己抽到的学生。

李思瀚说:"我们'公司'抽到了马瑞轩、刘瑞泽、董子轩、郭子涵。"

杨召越说:"我们抽到了李思瀚、姜炎虎、黎子豪、李可馨。"

杨逸轩说:"我们抽到了李政霖、孙凤鸣、高建超、孙明辉。"

当然,也不能让他们白干,我说:"每家'公司'完成一项任务可获得2个班币,比如李思瀚'公司'帮助马瑞轩复习,马瑞轩第一课课文读熟了,李思瀚'公司'可获得2个班币,第一课的词语听写过了,可获得2个班币。马瑞轩每完成一项任务,可获得1个班币。这样算下来,李思瀚'公司'第一课就能获得4个班币,马瑞轩就可获得2个班币。"

我一说,他们沸腾了。接下来,在班币的驱动下,每一天,三家"公司"都在努力帮助这12个同学复习。

同学的监督

班级实行轮值班委自主管理,全班分成五个轮值班委组,每个组轮流管理班级一周。每个学生都有机会在轮值班委的平台上得到锻炼。

在管理过程中,每一个轮值班委都会去管理吗?当然不会,有的学生在做轮值班委时,不去管。如果这样的话,轮值班委管理一团糟,起不到任何好的作用,怎么办?每个岗位一个本子,轮值期间需要对自己的轮值情况进行记录。每半天,轮值班委要向同学们反馈一次。

余璟雯:早上,王梓涵、郭珂嘉认真检查卫生;杨逸轩去卫生区检查卫生;上午课间,有同学打闹,李思瀚没有管。

郭珂嘉:三、四组卫生干净,桌椅整齐。

王梓涵:早上孙明辉没来,我替他打扫了二组。

赵君昊:李思瀚在走廊内打闹,我提醒了他。

李思瀚:杨逸轩在教室内跟郭子涵打闹,索书轩表现较好,在教室内学习。

昝庄淇：全体优秀。

……

学生在管理班级过程中往往会出现这样那样的事情，比如没认真管，自己玩去了；袒护跟自己关系好的同学等。怎么办？轮值班委反馈结束后，有一个异议环节，也就是说同学们对轮值班委的反馈，可以提出自己的看法。

余璟雯是轮值班委的班长，反馈完后说："大家对我们的反馈有异议吗？"

李一茗第一个举起了手。

余璟雯说："李一茗，你说。"

"放学路队，并不是像昝庄淇说的那样表现良好，路队很乱，有很多同学在说话。"

李一茗这样一说，昝庄淇有点尴尬了。

我问昝庄淇："这是怎么回事？"

她不好意思地说："我没有认真负责。"

闫步群站起来说："杨逸轩在检查卫生区卫生时，都快上课了，学校检查卫生的都已经检查过去了。"

余璟雯说："下次，我会督促杨逸轩早一点检查。"

杨逸轩说："李思瀚在教室跑，和马瑞轩闹，为什么不记下来？"

这一问，让李思瀚无地自容。

我说："余璟雯，看来你们轮值班委没有认真负责啊，你作为班长要督促他们做好自己的本职工作。"

我对全班同学说："你作为轮值班委，有没有尽到职责，同学们的眼睛是雪亮的。没做，胡乱编上几句，骗不了同学们。没有认真履行职责，也骗不了同学们。"

下午的轮值，他们组的问题就少了很多。

每半天的轮值反馈，能促使每个轮值班委认真工作；同学们的监督，更能促使轮值班委恪尽职守。

告知家长

马瑞轩、李思瀚，一对冤家，每周他俩都会发生一点矛盾。

课下，马瑞轩往李思瀚的座位上吐口水，他俩又打了起来。同学们把他俩拉开后，送到我办公室，各说各的理。马瑞轩说，李思瀚找他的事。李思瀚说，马瑞轩先惹的他。

李思瀚，经常在班里惹事，马瑞轩也不是省油的灯。他俩住同一个小区，又在同一个单元，还是上下楼，关系比较密切。我对马瑞轩说，遇到这样的事情，你最好去跟他妈说。他说自己已经说过了，每次他妈都说回去揍他。

他俩每次打架都会被同学送到我办公室，教训一顿后，过不了一段时间，又打起来。因为他们知道，犯了错最多挨一顿训，没什么大不了的。

这一次，上课铃打响了，其余同学都坐在自己的座位上准备上课，我走进教室，看到李思瀚在教室前面，一手叉腰，一手指着董子轩，跟他大吵。董子轩这一周负责课上纪律。显然又是李思瀚的问题。下午，同学们到报告厅打新冠疫苗，家长都来校陪同。我见到李思瀚爸爸，把李思瀚与马瑞轩的事，跟他说了一下，让他回家好好教育一下。

晚上，李思瀚妈妈给我打来电话说："这件事的主要责任不在李思瀚而在马瑞轩和李一茗，是李一茗让马瑞轩打的他，并且还打了李思瀚的脸。我找了马瑞轩家长……"当说到李思瀚的脸被马瑞轩打了之后，她的情绪非常激动："打人不打脸。我就守着他妈说，要是你的孩子被人打了脸，你会咋想，你孩子赚了便宜就只说以后注意就行了？李思瀚的个子这么高，我是不让他动手，要是动手的话，还不把马瑞轩揍成啥样……"

我问："你们是不是吵了起来？"

她说："我在那里吵，马瑞轩妈妈没吵。马瑞轩以前还用牙咬过李思瀚。我连这事，也一起找了她。"

她一直在电话那端歇斯底里地跟我诉说着。我一听，李思瀚妈妈也是一个比较凶的人。她直接把马瑞轩和他妈妈叫到自己家里理论这事，她说的这些话足以给马瑞轩以冲击，让他有所收敛。

周一，来到学校后，我问他俩："周五晚上，发生的事，你们经历了？"

"嗯。"李思瀚答应着。

"现在由于你们的小打小闹，演变成了家长之间的矛盾。以前，我跟你们说过多少次，批评过你们多少次，都没用。如果你们适可而止，就不会变成这个样子，就不会演变成你们家庭之间的矛盾。"

这一次家庭间的冲突，对他俩影响不小。他俩有些惭愧低头不语。

我说："这下可好了，小问题变成了大矛盾。你俩要不是屡教不改，哪会出现这种情况？"

我对全班说："对于那些我屡教不改的学生，达到一定次数后，要告知你家长，让你家长去解决、去教育。你家长教育你可不是训你一顿这么简单。达到多少次告知家长呢？3次？4次？5次，还是6次？请你们举手表决。3次的请举手。"

大部分学生举起了手，那几个经常违纪的，四处看看，有几个学生也悄悄地举起了手。

"4次的举手。"

又有几个举起了手。

马瑞轩，最后等到6次才举手。

我说："按照少数服从多数的原则，也考虑到个别同学，咱们4次就告知。这样大家都举手同意这件事，只要违反了我就实施。"

班级扣分与个人班币挂钩

每一周，德育处都会在教学楼的门厅公布班级量化分。每一周，我班都会有学生因违纪而给班级扣分。为了了解哪些学生因为什么原因扣了分，我都会让轮值班长到德育处去查班级扣分的明细。学生会很认真地记录下哪一天，谁因什么事，扣了几分。查出来后，我让学生在班里通报一下，共性的问题强调一下。但是，班里总有那么几个经常给班级扣分的学生。

班会课上，我对学生说："经常给班级扣分的同学，就那么几个。每次记录下来，在班里公布名字，还不改。那么从本周开始，只要你给班里扣了分，你扣几分，就双倍扣你的班币。"

闫步群做出了惊讶的表情。看来，这一条规则触动了他。

我接着说："这还没完。班级的量化分，是我们班同学辛辛苦苦挣来的，不容易。每个月，都出黑板报，这是班级量化中的一项。他们为了能出一期高质量的黑板报，总是绞尽脑汁想很多办法，搜集很多素材。为了按时出完黑板报，他们总是抽下课时间去画。每一天打扫卫生的同学，为了不给班级扣分，总是早早到校打扫。我班在校园内执勤的同学也在给班级挣量化分，按时到岗就给班级加分……可是呢，那几个扣分的同学，一打闹，分数就没了，一在校园里奔跑，分数就没了。除了给扣分的同学扣班币外，扣分的同学还要通过给班级做一件好事的方式来弥补自己的过错。至于做什么好事自己选。"

规则就这样确定了，定了就要执行。

星期一早上，刘云杰跑过来，怯生生地跟我说："田老师，我使班级扣分了。"

效应五 马蝇效应——驱动个体

"怎么扣的?"

"升旗仪式迟到了,被记上了名字。"

"一般这种情况班级被扣1分,你去给自己扣掉两个班币。"我让他在每日反馈单里给自己扣了班币。

他在给自己扣班币时,很是不情愿。

我对他说:"你再为班级做一件好事,今明两天完成。"

他想了想说:"我还是打扫校园卫生吧。"

"可以。"

秋天,校园里落叶多,卫生比较难打扫,多一人也多一份力量。

能主动来跟我说的,这算是比较自觉的,还有学生不跟我说,那就让轮值班长到德育处去查详情。

刘瑞泽到德育处查完,回来把记录拿给我看:"老师,这是我们班上周让班级扣分的同学。"

"好,下午班会课在班里读一读。"

"好的。"他爽快地答应着。

班会课,刘瑞泽走上讲台:"我读一下上周给班里扣分的学生。李思瀚,在走廊内跑,扣1分;马瑞轩,打闹,扣1分;李一茗,鄙视执勤员,扣1分;刘云杰,升旗仪式迟到,扣1分;闫步群,没戴红领巾,扣1分……"

我说:"你们就按照我们的规则,接受惩罚吧。谁让你们给班级扣分呢,刘瑞泽你先把他们的班币给双倍扣掉。刘云杰主动跟我说了他被扣分的情况,他已经为班级做了一件好事,在这里对他提出表扬。你们这几个,每人选择给班级做一件好事,今明两天完成。"

只要给班级扣了分,就按照这样的规则做。谁也不愿扣自己的班币,逐渐的,那几个学生给班级扣的分越来越少了。

效应六　鲶鱼效应——激活群体

鲶鱼效应，是采取一种手段或措施，刺激一些企业活跃起来投入到市场中积极参与竞争，从而激活市场中的同行业企业。让鲶鱼在搅动小鱼生存环境的同时，也激活了小鱼的求生能力。其实质是一种负激励，是激活员工队伍之奥秘。

——搜狗百科

挪威人非常喜欢吃沙丁鱼，尤其是活沙丁鱼，很多渔民们以捕获沙丁鱼为生。鲜活的沙丁鱼做出的食物口感鲜美，非常受顾客的欢迎，渔民们都希望带回活的沙丁鱼，以期获得更高利润。由于沙丁鱼不易运输，外加路途较远，运输条件很差，鱼在船上会出现缺氧窒息死亡的现象，所以沙丁鱼的生存率很低。

在众多的渔船中，却有一只船可以把鲜活的沙丁鱼带到岸边。因为船长在沙丁鱼的水槽里放了一只鲶鱼，当它进入陌生的环境时会不安地来回游动，又因为鲶鱼是一种以鱼为食的种类，当沙丁鱼看见在水里横冲直撞的鲶鱼时，会因害怕大肆在水槽里来回游动，鲶鱼让沙丁鱼动了起来，激发了它们的活力，从而解决了沙丁鱼窒息的问题。

对于班集体来说，对一个小的团队来说，也需要用"鲶鱼"来激活这个群体的活力，让群体动起来。

效应六　鲶鱼效应——激活群体

制造"鲶鱼"

班里的学生在各方面都表现平平，没有特别突出的地方。课堂上，举手回答问题的，寥寥无几；一旦提问，寂静一片，会的同学不举手，不会的更不举手；课下主动问问题的学生更是没有。我对班里几个语文成绩不错的学生进行观察，发现他们在学习上没有什么动力，也没有什么目标，课下总是凑在一起追逐打闹，学习的事从不放在心上。总之，班里的学习氛围不浓厚，俨然一潭死水。这潭死水必须要搅动起来。

我参考前几次的语文成绩，挑选了 14 个成绩还算不错的学生，把他们叫到一起，单独跟他们交流："我看了一下你们以前的语文成绩，你们这些同学的成绩还不错，稍微努力一下就能考到 90 分。但是大部分同学都没有到过 90 分。从我们的观察发现，你们玩心很大，很少有同学把学习放在心上。你们这些同学要相互比着学，比一比谁学习最认真，最努力。只要比着学就有劲头。此外，还要在学习上相互帮助，遇到不会的就要主动问，上课还要主动回答问题。只要相互帮助着学就愿意学。我把你们这些同学组织到一起，组成一个团队，取名为'精英队'，只要你们稍微一用力就有望冲击 90 分。所以呢，你们在完成基本作业的基础上，我还要额外再给你们布置点作业，提高你们的能力。咱们呢，从最基础的开始，每天完成一课的课后题，并听写一下该课的词语表。"

我接着说："我们的这个团队实行淘汰制，也就是说你们这些同学，不是每个人都能安安稳稳地待在这个团队里的，如果完不成任务，比如不按时交额外作业，上课不积极举手回答问题，就会被淘汰出局。任何一个成功的人，都是非常自律的，也就是说非常自觉，不需要外界的督促。你们要想成为优秀的学生，也要做到自律，不要让你的家长还有老师去督促你们。"

下午大课间，我到教室转了一圈，发现李翰东、刘旭函、杨逸轩不再大闹，而是凑在一起学习。课下，有了点学习的氛围。

上课，老师抛出问题，没几个举手，举手的只有那几个比较积极的学生，杨逸轩、闫步群、杨召越、李思瀚等。整个课堂氛围显得比较沉闷。举手回答问题的好处，我跟他们讲过，没用。据我了解，他们不是不会回答，而是不想回答，只是习惯了听别人回答，只是习惯了被动的听。只是听，其实效率很低，不如站起来把自己的想法说一说。这些学生需要逼一逼，才能奋进。

最近一段时间，在我的激励下，郭子涵、马瑞轩两位同学上课回答问题特别积极。

我对"精英队"的学生说："现在你们看人家马瑞轩和郭子涵，上课都能积极举手回答问题，几乎每一个问题他们都举手。如果说，我问的问题难，那么他们绝对不可能回答。咱们这样，只要他们俩再加上姜炎虎，举起了手，你们还不举手回答问题，那么你们需要把那个问题抄三遍。"

这三个同学乐了。

我让马瑞轩、郭子涵、姜炎虎、刘瑞泽监督这14个同学，每人负责三四个。"只要没有举手回答问题，就把他们的名字给记下来，让他们抄写回答的问题。"抄写，谁也不愿意做，还不如主动回答问题。每节课，他们都把手高高举起。在他们带动下，班级举手的学生逐渐多起来，上课的良好氛围浓厚了起来。

收"精英队"作业

自从组建了"精英队"后，"精英队"的学生每天要自主地做点额外作业。这部分作业需要上交，我给他们批阅。他们的作业，让谁收取呢？"精英队"里的任何一个人都能完成这项任务，因为他们都很认真。可是，我不能把这样一项任务交给他们，得让后进生干这件事。叫谁干呢？我想到了姜炎虎。姜炎虎是办公室里的"常客"。数学作业完不成，被老师叫到办公室补；英语作业完不成，被老师叫到办公室补。不教这个班的老师，也认识了他。他每次来办公室总是低着头。让他做这件事，是因为老师只要交给他一件事，他都能认真地完成。

我把姜炎虎和"精英队"的同学叫到一块儿。

我对姜炎虎说："他们成绩都很好。"

他看着他们，笑着点了点头。

"现在交给你一个任务，每天收他们的额外作业。每次收作业时，记好谁交了，谁没交。早上收齐后送到我办公室。"

他高兴地答应了下来。

"你们这些同学做完作业后，主动交给姜炎虎，不要等着他去跟你要。姜炎虎，你记好了，没交作业超过两次的，就把他踢出'精英队'。"

"好嘞！您放心就是了。"他响亮地回答。他的回答把大家都逗乐了。

第二天上午，刚下了语文课，姜炎虎乐呵呵地跑到余璟雯那里，笑嘻嘻地说："快点交作业，别让我等着你。"余璟雯瞥了他一眼，从书包里拿出作业，甩给了他："你以为我像你一样啊，每次都做不完。"以前都是别人收他的作业，现在好了，自己收别人的作业，并且还都是优等生的作业。余璟雯是他的组长，每次收他的语文作业时，总是不耐烦地说，"快点交，又让我等着你""作业还交不交了，磨磨唧唧"，总之从来没给过他好脸色。这下换成他收别人的作业，可神气起来了。

收完作业后，他大模大样地、趾高气扬地走进了办公室，洪亮地喊了一声："报告！"这一声似乎要引起办公室里所有老师的注意。

他走到我的旁边，大声说："老师，这是他们的作业。"

还没等我开口问，他就说："都交全了。"

我表扬他:"做得好。"

有老师看到后问:"姜炎虎当组长了?"

姜炎虎嘿嘿一笑,没说话,跑出了办公室。

我说:"是。昨天刚当上了,专门负责我们班那些语文成绩好的同学的作业。"

下午,我早到教室。他看到我后,跑到我身边问:"老师,去拿作业吗?"

我说:"去吧。"

他拿来后发给了他们。

他每次收发作业都很及时。

我以为他也就是几天的热乎劲儿,谁知半月过去了,每天都是那么认真。

"精英队"里,不是所有学生都那么积极,都那么自律,当然也存在几个不积极的学生,比如杨逸轩、刘旭函等几位男生。他们总想偷点懒。

"杨逸轩,你的作业呢?"姜炎虎一问。

"坏了,忘写了。"杨逸轩一愣。

"你快点写,我等着你,咱俩这关系,大不了,我晚交会儿。要是其他人,我就不等了,直接把名字记下来,把作业交上去。"姜炎虎仗义地说。

他俩的对话,恰巧被我听到。我心想,杨逸轩哪是忘了,而是他懒虫在作怪。

我说:"杨逸轩,是不是你的懒虫在作怪了?"

他笑着不语,急忙写着作业。

每一周,他总有一两次作业不交,语文组长给我的解释是,他忘带了。他不交,语文组长也不再跟他要了。但是姜炎虎不行,他不交,姜炎虎就跟他不散伙,盯着他非让他交上不可。

姜炎虎每天下午放学总会督促"精英队"的同学写作业:"你们这几

个同学，回家后别忘了写作业啊。"在他的努力下，"精英队"的作业每天都能及时完成。

语文复习群里的优等生

班里有十几个语文成绩不理想的学生，每次考试总是给班级拉掉很多分，导致总体分数不如其他班级。这些学生有的生字不会读，有的课文读不通，还有的生字不会写。这些最基础的知识都学不会，在课堂上，他们就像一个局外人一样，课堂上讲的内容他们听不懂，课下的作业也不做。仅仅通过课堂上这点时间，是很难把教授的知识掌握起来的，需要在家里再花一点时间去学习。

我把这十几个学生单独叫到一块，问："晚上回到家，家长都在做什么？"

"我爸爸开卡车，经常出发。"

"我妈妈在超市工作，九点多才回家。"

"我爸爸妈妈，晚上回家也很晚。"

……

白天他们在学校学不会，晚上家长又无法照管孩子的学习，这是他们基础差的一个原因。小学阶段就是老师和家长一起关注孩子的学习，他才能学好。对孩子学习关心的家长，晚上有时间稍微关注一下孩子的学习，成绩就会很好。

我班的这些后进生，靠家长靠不上，只能对他们进行个别辅导，才能帮他们赶上。白天在学校课程比较多，没有时间，怎么办？我与他们家长商定，建了一个群，这个群是专门单独给他们辅导用的。

我对这些学生说："咱们这些学生基础不太好，需要把基础知识打牢，每天只需要花五到十分钟的时间，就 OK 了。关键是每天读一篇课文，每天听写一课的生字。你知道你们自身最大的缺点是什么吗？"

姜炎虎干脆利落地说："懒！"

他们都嘿嘿地笑着。

我说："对。你们懒得读课文，懒得写生字，懒得回答问题，懒得举手，甚至还懒得听课。你们缺乏自律，一般成绩好的学生都很自律。既然你们不自律，我就想了一个办法，让你们的家长对你们进行督促。可是，你们的家长又忙，怎么办？我想建一个群，让你们家长每天把你们完成的情况发到群里。这样就督促着你们每天都学习。"

陈韵慧说："老师，我家长每天回到家很晚，没法给我听写。"

"你有手机吗？"

"有。"

"你自己用手机把生字录下来，自己给自己听写。"

我建了一个群，取名为"语文复习群"，把这十几个学生的家长拉到了群里，并发了一段话：

各位家长：

大家好！我建这个群的目的是帮助孩子们巩固基础知识。孩子的学习需要靠家长和教师的共同努力。每天晚上花五到十分钟的时间，帮孩子听写一下生字，让孩子读一下课文，并把内容传到群里。家长的任务是督促孩子完成学习，检查对错的任务交给我。每天读一篇课文，每天听写一课的生字，只要坚持，就能创造奇迹！

虽然建了群，但是不可能激发学生的复习积极性，家长也不会积极主动往里面发。家长都有个特点，喜欢拿着自己的孩子跟人家的孩子比较，期末出来成绩比一比，一比不如别人，就让自己的孩子努力学。把几个学习成绩好、积极主动的学生拉到群里，让他们刺激一下其余学生。

杨逸轩这个孩子，对什么都积极。我找到杨逸轩，对他说："我建立了一个语文复习群，这个语文复习群每天复习一点内容，你愿意参与吗？"

"愿意！"他爽快地说。

"好。我把你家长拉到群里。每天要完成复习任务。"

"老师，复习什么？"

"我会每天往群里发复习内容的。"

索书轩是一个比较自律的学生，交给她任何任务她都能完成。我也邀请她进入复习群。

我每天把当天复习的内容发到群里。他俩每次都很快地完成任务，并发到群里。我看到后，立刻给他点赞："杨逸轩第一个提交，点赞。希望其他同学积极哦。"还送给他一朵小花，然后@所有家长。没过多久，其他家长也纷纷把自己孩子的学习内容发到群里。索书轩听写的生字发到群里，我为她点赞："书写真认真，其他同学也要像她一样写哦。"其余同学看到他们发，自己也加快完成作业的速度，发到群里。后来连续四天，刘云杰，居然成为了第一个提交作业的同学。每一次，我都在群里表扬刘云杰："刘云杰第一个提交，为你点赞。"

杨逸轩和索书轩犹如鲶鱼，激活着这个复习群体。

听写对抗赛

小学阶段，生字是语文的基础。为了调动学生尤其是后进生写生字的积极性，我在班里开展听写对抗活动。

周一的语文课上，我对学生说："从明天开始，我们的听写改为小组对抗的形式。听写时，每个小组派出一个代表到黑板上来写，其余同学在下面写。错得少的两个组获胜，获胜组当天减去一项语文作业。错得多的两个组则对抗失败，失败组的作业不能减。"

"索书轩，你去。"一组说。

"我们选马秋雯。"二组说。

"李翰东。"三组说。

"王孜晔。"四组说。

他们开始热火朝天地自主推选代表，他们推选的代表都是本组内成绩不错的学生。由他们参与，自己的小组肯定能赢。

我说："代表都给你们选好了，你们不用自己推荐。一组，刘瑞泽。"我说完一组的代表，一组哭了，其他组笑了。

"二组，马瑞轩。三组，孙明辉。四组，李可馨。"

当我说完这些名单时，只剩下四组在笑。

刘瑞泽、马瑞轩、孙明辉水平相当。要想让他们努力学习，只需要在他们中间加入一个成绩不太好，但是知道努力学的学生就可以。李可馨就是这样的一个学生。

"耶，我们赢定了。"四组的刘云杰高兴地说。

我说："四组不要高兴得太早。其余三个组要想获得成功，就得自己帮助自己组的代表学习，多给代表听写。"

我特意嘱咐了二组："二组的同学，你们要帮助马瑞轩听写，争取让你们减少作业。"

下午，我来到教室，问马瑞轩："有人帮你听写吗？"

他说："没有。"

我说："完了，明天你肯定比不过其他组。"

他笑嘻嘻地说："赵君昊想帮我，我没让他帮。我已经全写过了。"

"你还会忘的。"我给他泼了一桶凉水。

不过，他自信地说："晚上我再写一遍。我肯定能超过李可馨。"

我问他："你为什么要超过李可馨呢？"

他一边用手比划着，一边跟我说："我已经算好了，就是她比我们几个强，你看刘瑞泽、孙明辉，都不是我的对手。为了超过她，我打算晚上再写一遍，如果没有她我就不写那一遍了。"

效应六 鲶鱼效应——激活群体

我拍了拍他肩膀说:"怪不得同学们在写日记时,都叫你大头,都称你为马诸葛,都夸你聪明,你这家伙果然聪明,还有自己的复习策略呢。"

他嘿嘿地笑了。

为了能少写点作业,其他两个组都在加足马力复习。李一茗在给刘瑞泽听写,杨逸轩在给孙明辉听写,复习的劲头都很足。

李可馨在日记里这样写道:当我知道我代表我们组参加 PK 时,看看我的那些"敌人",就感觉大局已稳。但是,也不能掉以轻心,为了能赢,白天我让我同桌帮我听写了一遍,晚上回到家后,我让妈妈给我听写了一遍。

听写时,出人意料的是这四个组全部写正确。

我在课堂上公布结果:"昨天听写,获得胜利的是……"

我故意停顿了一下,观察着他们,一个个都很紧张。

"四个组,全部赢,没有一个写错的。今天所有小组,免去一项语文作业。"

他们欢呼了起来。

紧接着,我布置了第二天的比赛内容:"明天,我们听写三到五课的生字,因为上次比赛没分出胜负,所以每个组的代表还是那四个同学,希望你们继续努力。"

每一次听写对抗赛,我都会从每一组中选择一个语文基础薄弱的学生代表他们组参赛,同时这里面还要有一个学习自觉的学生,以便激活其余三组的学生。听写的结果,我不在乎,哪个组赢哪个组输都无所谓,但学生很在乎。他们为了能赢,努力地准备着。我呢,看重的是他们积极听写的态度,看重的是同学之间在学习上的相互帮助,相互竞争。这些都比学习结果重要,形成了这样的氛围,学习还会差吗?

激活作业拼团

作业拼多多，作为一种新的布置作业的形式一出现，极大地激发了学生做作业的积极性。自从开启"作业拼多多"模式，我每天都能看到"团长"在教室里找其他同学"拼作业"的情景，学习氛围一下浓厚了起来。

小学生对任何事物的新鲜感，不会保持太长，因此要变着方法去激励他们。作业拼多多，为了保持学生做作业的兴趣，采用多种形式激励，有拼作业、砍作业等。

要发动更多的学生加入到拼作业的行列中，最重要的是看发起作业拼团的学生的能力，善于交际的学生，能调动更多的人加入到拼团的行列，而不善于交际的学生效果就会差点。

下一周的作业拼团活动发起者，有刘依涵、李可馨、孙明辉、孙凤鸣、刘瑞泽等。他们都不是那种活跃的学生，我担心这一周的作业拼多多不会太活跃。我把刘依涵调到了另一周，换成了杨逸轩。

星期一的下午，上课前，我朝教室走去，经过一班时，我看到他们都在安静看书或做作业。快到我班时，我在教学楼走廊内听到班里乱糟糟的，吵成了一团，我内心的火，腾的一下冒了起来，一定要好好惩罚一下那些乱闹的学生。

走进教室，就看到这样的场景：大家坐在自己的座位上，杨逸轩站在讲台上，一只手拿着一张纸举得高高，大声说："抓紧报名，抓紧报名，仅限前八名。"他说完后，一群学生围在一起写着什么。

"抓紧报名，名额有限，仅限前八。"他又一次喊了起来。

那群围在一起的学生说："让我写""让我写""我还没写上呢"……叽叽喳喳好不热闹。他们每人拿着笔，争先恐后地写着。

效应六　鲶鱼效应——激活群体

我走近一看，他们在一张纸上写着自己的名字，原来今天杨逸轩是发起作业拼团的团长。他在号召大家参与拼他的作业拼团。我看到他手里拿着一把笔芯。他说："抓紧报名啊，前八名有笔芯。"

向来连作业都不做的姜炎虎，也围了上去。杨逸轩见到姜炎虎，信誓旦旦地说："你可以写，如果不会，我给你辅导。"笔芯的魅力，把姜炎虎吸引了过去。笔芯的魅力，让姜炎虎签上了名字。杨逸轩给报名的同学分着笔芯。

自作业拼多多开展以来，还是第一次这么火爆。

我问他："这笔芯哪里来的？"

他说："我让我妈给我买的。"

我说："你现在给他们笔芯，万一他们报了名，就是不完成作业，怎么办？拼团成功的前提条件，不是有多少同学报名，而是报名的同学要完成任务，才算拼团成功。"

他想了想，说："没事。他们完成后，我还有奖励。"

他面向大家，提高嗓门说："等你们完成作业，我再给你们一支笔芯。"

"太好了！"一阵欢呼。

我说："你投资这么大，得提高作业的质量，争取让他们全做对，并且还要把字写认真。"

他说："没问题，他们不会的，我教。"

一天结束后，全班30多个学生参与了杨逸轩的作业拼团，完成率高达99%。我果然没有选错人。

我对本周的团长说："今天，杨逸轩开了一个好头，希望你们也像杨逸轩那样想着办法激励大家，但是不一定非得给参团的同学分礼物。我相信你们一定可以的。"

果然，后面的同学也想着不同的办法去激励。李可馨和自己的好朋友一起找同学拼团，孙明辉挨个找他们拼团，孙凤鸣采用抽奖的办法，刘瑞泽则拿出自己的班币奖给拼团的同学。

杨逸轩这一下激活了这一周的作业拼团。

营造学习氛围

一个班良好的学习氛围，不是自然生成的，而是班主任引导学生营造出来的。

平时学习氛围要营造。赵君昊，这一学期，比以前努力了很多。笔记本上，记录得密密麻麻、认认真真。课下，他坐在自己的座位上学习，看不到他在教室外玩的身影。中午，他在学校午休。每次吃饭时，总能看到他拿着课本、本子和笔到宿舍。每天下午第三节课，我总会留出时间让所有学生写"每日吐槽"，而他也总是第一个把"每日吐槽"交给我。我问他："你什么时间写的?"他说："午休的时候。"我高高举起他写完的"每日吐槽"，在班里大声吆喝起来："同学们停下书写，看一看人家赵君昊，利用午休的时间把'每日吐槽'写完了，这样就会节省出很多时间。他可以利用上课写'每日吐槽'的时间来学习其他的内容，完成其他作业。"只要他把"每日吐槽"交给我看，我就会这样表扬。

"同学们，你们看看赵君昊记的笔记，密密麻麻，这说明人家上课会听课。"平常上课，我只要发现他认真记录，就拿起他的本子大声吆喝。

董承俊，也跟着他学起来，提前把"每日吐槽"写完，课下在座位上做作业。郭珂嘉、杨依荨、索书轩，也向他学习认真记笔记。

期末复习的学习氛围，也要去营造。距离期末考试，还有三周的时间，我开始发动学生进行自主复习。首先让学生自己制订学习计划，指导学生把学习任务合理地分配到每一天中。为了促使学生进行自主复习，我发起了"复习赚班币"活动：读一篇课文，获1个班币；听写五课词语表，获得 2 个班币；默写要求背诵的课文，获得 2 个班币……每复习一项内容可获得不同价位的班币。

　　我一到教室，就有几个学生拿着自主复习的内容，找我盖小印章。获得印章，就可以获得班币。马秋雯是找我盖印章次数最多的学生。我拿着马秋雯的复习内容，用力摇晃，大声吆喝起来："瞧一瞧，看一看了，马秋雯又找我来盖章了。"我一边盖印章，一边对马秋雯说："你复习了这么多啊，真了不起！"一表扬，马秋雯心里美滋滋的。"你靠自主复习挣了很多班币，这一周得赚了 20 多个班币吧。"在一旁玩耍的学生，把羡慕的目光投了过来。有学生听到我的吆喝声，也拿着自己的复习内容过来找我盖章。在我的大声表扬下，马秋雯每天都坚持自主复习。课下当其他学生在玩时，她坐在自己的座位上学习。不但她学，她的同桌贾轶可，她的后位游恩艺，也跟着学了起来。她影响了周围的同学。我不仅大声表扬马秋雯，只要主动来找我的学生都大声表扬。

　　刘瑞泽，过来找我盖印章。我大声吆喝："刘瑞泽，你怎么做了这么多，厉害啊！"只要他找我盖章，我就这样吆喝。跟他关系比较好的几个男生，也复习了起来。

　　我每天都对他们说类似的话，"你又复习了这么多，期末要考满分吗""你又是第一个交作业的""你获得的印章真多"。慢慢的，班里积极主动的学习氛围就被扇动了起来。

效应七　配套效应——行为匹配

  配套效应，是系统论的延伸，是指事物改变自身适应系统，或改变环境适应自身的一种现象。
         ——《每天学点经济学 2：改变一生的 66 个经济学定律》

  有一天，狄德罗的朋友送给他一件精美的酒红色长袍，他非常喜欢，马上将旧长袍丢弃，穿上新长袍。可是他发现办公桌破旧不堪，风格与新长袍不匹配。于是，他买了一张与新长袍相搭配的新办公桌。当办公桌买来之后，他发现挂在书房墙上的花毯与新办公桌不配套。他马上买来了新挂毯。没过多久，他发现椅子、雕像、书架、闹钟等摆设都显得与挂上新挂毯后的房间不协调，需要更换。慢慢地，旧物件挨个都更新完了。

  一件新长袍让狄德罗把书房的家具换了一个遍。1988 年，美国人格兰特·麦克莱认为这一现象，揭示了消费品之间的协调统一的文化现象，并借用狄德罗的名义，将这一类现象概括为狄德罗效应。

  在生活中，狄德罗效应屡见不鲜。穿搭时，人们会重视上衣、裤子、袜子、鞋子、首饰、手表等物品之间在色彩、款式上的相互搭配。装修时，人们会注重家具、灯具、厨具、地板、电器、艺术品和整体风格之间的相互搭配……厂家和商家往往会想方设法，利用这一效应来推销自己的商品。

  在班级管理中，班主任也要善于利用配套效应来激励学生，学生写字不认真，告诉他字如其人；学生在走廊内追逐打闹，封他一个走廊廊长，让他管理走廊；学生学习不积极，告诉他什么叫学霸；学生不穿校服，告诉他什么是合格学生的标配……

走廊廊长

中午放学，我刚要从座位上起身去看放学路队。李思瀚跑到我办公室，气喘吁吁地说："不好了，不好了，田老师，郭子涵与别人相撞了，鼻子出血了。"

我心头一惊："怎么回事？"

"他跑出教室后，就往三班的方向跑，与三班的一个学生撞了，撞到了鼻子，流了很多血，他摔倒了。"

我抓紧走出办公室，想去看一看郭子涵的伤势，正碰到班里的队伍。

我问学生："郭子涵呢？"

不知谁在队伍中说了一句："他去餐厅了。"

我急匆匆地来到餐厅，也没顾得上打饭，就朝他的餐位走去，只见他坐在座位上不吃饭，鼻子塞着卫生纸。

我问他："怎么回事？"

坐在边上的一个三班的学生说："我班一个同学跑着出教室，与他撞了，我班那个同学倒在了地上，他的鼻子破了。"

我转身问郭子涵："你往三班那个方向跑啥？"

他低着头，不说话。

常家硕说："每次放学，他都那样跑。"

我生气地说："不让跑，你非跑，受伤了吧？"

"老师，我的鼻子还疼。"

"刚撞完当然疼了，过会儿就没事了。"

我在今天早上还对学生说在教室、走廊追逐打闹的危害，并且还举了上学期刘瑞泽因为跑把四年级学生撞倒的事情。没想到不到一天的时间，类似的事又发生了。老师不让学生干的事，跟学生讲了，学生未必不去做。

郭子涵发生这事，不是偶然，而是必然，只不过是早晚的事。下课铃一打响，郭子涵第一个跑出教室；放学铃一打响，郭子涵第一个冲出教室。课间，在教室内、走廊内，总能见到他奔跑的身影。每一天，郭子涵都是这样。他不出事，才怪呢。

他受伤几天后，又开始跑了起来，又开始在走廊内打闹了起来。看来是好了伤疤忘了疼。同时，也证明了老师的说教是没用的，他自身的体验也是没用的。照这样下去，他非得又受伤不可。

我对全班学生郑重其事地说："从今天开始，郭子涵同学担任咱们班走廊廊长，走廊内的课下纪律由他负责。郭子涵自己制定好纪律要求，到时候跟同学们公布一下，要求大家都去遵守。"我把一个执勤牌，发给了他。他心里那个美啊。

我单独跟他说："以后这个走廊就是你的了，你自己说了算，打闹的、跑的全记下来，给他们扣班币。你要把走廊管理好。"他高兴地点了点头。

"要想管理好走廊，就要制定好走廊的管理制度，你自己制定一个吧，下午上课时，在教室里跟同学们通报一下。"

下午，他乐呵呵地拿着一张纸跑过来，跟我说："老师，这是我制定的走廊纪律，你看行吗？"

我看了一下说："不错，下午你在教室读一读，然后张贴到班级的张贴栏里。"

我嘱咐他说："你作为走廊廊长，要有个廊长的样。"

他问："那得什么样啊？"

我说："首先，执勤牌得戴上，这证明咱是执勤的，他们看到你戴着这个牌子，就不敢造次了，还有你要带头遵守自己制定的走廊纪律，这才是最根本的。还有，咱这校服得穿上，红领巾得戴上。这才是合格的走廊廊长。"

他说:"老师,你放心,这个没问题。"

"还有一点,你得拿着本子和笔,随时把违纪的同学的名字记下来,表现好的也要记上几个,到时候表扬一下他们。"

"没问题。"

每天下课,他戴着执勤牌,拿着本子和笔,有模有样地在走廊执勤,维持着走廊的纪律。他自从当上了走廊廊长后,在走廊内,再也见不到他奔跑的身影。

字如其人

李翰东,写字很烂,边写边涂改,写完后,卷面被涂改得一塌糊涂;黎子豪,写字很烂,字没有力度;刘瑞泽,字也很烂,乱七八糟,宛如一堆乱草;张皓森,字也很烂……他们的字各有各的差,但唯一共同的一个差就是连自己的名字也写得很差,差到居然连他们自己也认不出来。

发试卷时,余璟雯把一张试卷交给了我:"老师,这名字我不认识。"我仔细看也没看出是谁的,于是说:"放讲桌上吧。"讲桌上还放着三张没写名字的试卷,我说:"没试卷的请上来认领。"马瑞轩、宁宇轩、黎子豪上来找到了自己的试卷,拿了回去。刘瑞泽也上来找了半天,没找到,回到了自己的座位上。桌子上只剩下一张试卷,上面的名字"龙飞凤舞",我把它递给了刘瑞泽,说:"自己的名字,都不认识了?"他嘿嘿地笑了起来。

语文,书写很重要,也很关键。阅读与作文,主观性比较强,因此,书写在里面起到的作用,不言而喻。书写认真,可能得分就高,不认真,就可能吃亏。

为了引起班里几个写字潦草的学生对书写的重视,我制作了PPT,专门拿出一节课来讲书法。我用PPT出示了颜真卿的字："请同学们欣赏我国书法家写的字。"我一张一张地给大家播放着颜真卿的字，同学们看到后不由得发出惊叹声。

我说："你们猜，这是谁写的？"

李超群一下就猜对了："颜真卿的字。"

我表扬了她，接着问："这些字什么特点？"

黎子豪说："字写得很端正。"

赵君昊说："刚劲有力。"

贾炜宸说："方方正正。"

……

我说："你们很会欣赏。"

接着，我在PPT上出示了颜真卿字的特点："用笔浑厚，强劲有力，雄浑壮阔，大气磅礴。"

"我这里还有三个关于颜真卿的小故事，你们想听吗？"

"想！"

我跟学生讲了颜真卿的五原平反冤案、大战安禄山以及宁死不屈的故事。

"你从这些故事中了解到颜真卿有什么样的性格？"

"正直。"

"刚正。"

……

我出示："纵观颜真卿的一生，他做事一丝不苟，做人刚正不阿。正如他的楷书一样，用笔浑厚，强劲有力，既有筋骨，又有锋芒。他的书法风格，雄浑壮阔，大气磅礴，既反映出了唐朝盛世，又与他的高尚人格完美契合。"

"这就是字如其人。"我在黑板上板书"字如其人"，接着说，"字如其人的意思是一个人的字与一个人的性格特点相匹配。一个人的字怎样，他的性格就怎样。我们其实可以从一个人的字，判断出这个人的性格特点。所以，字要认认真真写，一笔一画地写。你写的字漂亮，人家看到你的字后，在头脑中首先会呈现出一个帅哥、美女的形象，其次会想象出好的性格。你写的字丑，在头脑中呈现出的就是丑八怪的形象，大大咧咧的性格。因为字如其人，字与一个人的形象、性格相匹配。"

我跟他们开玩笑说："前段时间，其他班还有学生给咱班女生写情书，你看看那字多丑，给人家留下了一个丑八怪的印象。字，这么难看，也好意思用来写情书。一看这字，就把人家给吓坏了。"

"哈哈……"他们终于忍不住，大笑了起来。

"咱班有很多学生字很丑，写不认真，你咋写情书？即使不写情书，你写作文、做阅读理解题，写得不认真，阅卷老师也不会给你高分，在一定程度上，作文与阅读就看你的字。你要用书写给人家留下好的印象。"

第二节课，抄写作文。我把作文纸发给学生，学生安安静静地誊抄作文。我到学生中间巡视，发现李翰东、黎子豪等同学写的字认真了起来。

我跟李翰东开玩笑说："你这字与以前相比很不一样，如果用这字来写情书，准给人家留下一个好印象。"

他嘿嘿地笑着，不说话。

优秀班级

我们班经过一学期的努力，终于获得了优秀班级的称号。

这一学期，刘老师给我们班上综合实践课。上完课，她回到办公室，气愤地对我说，一上综合实践，班里就乱糟糟的，没一个学生认真听。马瑞轩，弄得桌洞里乱哄哄的，塞满了纸……

上副科，课堂纪律是很难把控，学生一般都很放松，尤其表现在纪律方面，说的说，闹的闹，笑的笑……显然成了休闲课。

我跟学生讲："农民在家干活一般穿的衣服都比较破旧，为什么？经常跟土地打交道，穿上新衣服到地里不一会儿就弄脏了。我的一位邻居他之前也一直穿着破旧的衣服，但是有一天他却穿得跟以前不一样了，穿上了新衣服，穿的还是西服呢，知道为什么吗？"

有学生回答，有钱了。

有学生回答，别人送给他的。

还有学生回答，不种地了。

我说："都不是。因为他当上村主任了。当上村主任，为什么要穿西服呢？"

"因为村主任，是村官。村主任要去镇上开会，村主任要给村里的居民解决事情，所以要穿得体面点。如果换成普通的老百姓，就没有必要这样穿了，因为他不需要做村主任这些事。"索书轩说。

我说："索书轩说得很对，请同学们看一个短视频。"我给他们播放《乡村爱情》中刘能当上村主任后的视频——刘能打着领带、穿着西服、夹着包，很有领导的派头，到处炫耀。

我说："虽然这是一个喜剧，但是能显示出一个人的穿着与一个人身份的搭配。"

闫步群举手："我给大家讲一个我亲身经历过的事。上周六，我跟我爸爸参加了一个活动。有个老板讲，跟他干了十多年的一个员工，现在提拔成了经理。他现在逼着那个经理多读书，还让他练习普通话。"

我说："闫步群讲的这个例子很好，为什么老板要逼着那位经理多读书，练习普通话？那就是让这位经理的言行与他的职务相匹配。"

说到这里，他们对一个人的言行一定要和自己的职务相匹配，有所理解。

我问："你们追过星吗？"

大家开始笑。显得有点不好意思。

效应七　配套效应——行为匹配

我说："追星没有什么不好的，你们追星，我也追。"

"啊？"有学生发出了质疑的不可思议的声音。

我问："你们都追谁？"

大家都把头转向了游恩艺、马秋雯。这是我们班对明星特别痴迷的两个学生。她们把明星的名字写到自己的手背上，写在书上，还在日记里写追明星的经过。

没有一个主动起来说的，我没有让她俩回答，而是让王孜烨回答。

他笑着说："王一博。"

我说："明星的言行，也要与自己这个明星的身份相匹配。大家都知道有几个明星做出了与明星身份不匹配的行为，被封杀了。我们追星，要从他们身上吸取正能量，同样作为一名明星也要发挥积极的正能量，正能量才与他的明星身份相匹配。"

我用手指着教室门框上的牌子，问："这是什么？"

"优秀班级。"

"你们作为这个优秀班级中的一员，也要与这个优秀班级的称号相匹配。怎样做才能体现这是个优秀班级呢？"

闫步群说："积极参加活动，比如我们班代表学校参加了体育视导。还有不给班级扣分。"

……

索书轩说："上课遵守纪律，积极回答问题。"

"我感觉这一点非常重要，只要老师走进这个班级，就能看到这个牌子。这个牌子一直在提醒着老师，六年级二班是一个优秀的班级。当老师，走进这个班级时，班里乱糟糟的，老师心里会想，这是优秀班级吗？这些学生的表现与优秀班级一点都不匹配。所以，最起码一点，应该遵守上课纪律，不管上什么课，只要遵守好纪律，就能给老师留下一个优秀的印象。"

我这样对学生说，学生也是这样做的。

星火义工的一位老师要到我们班给学生讲一堂"预防性侵"的公益课，定在上午第三节课，我答应了。下了第二节课，班主任要开会，估计第三节课我不能到教室。我跟学生说："有位老师，不是咱们学校的，要到咱们班给同学们上一节课，第三节课，我可能来不了，因为要开会。希望同学们能遵守纪律，希望你们的行为能与我们的优秀班级相匹配。"第三节课上课十分钟后，我才开完会，匆匆赶到教室。同学们安安静静地在那里听课。下课后，星火义工的那位老师跟我讲："田老师，你班的纪律太好了，一上课就安安静静地坐在那里，上课也听得特别认真。"我心里美滋滋的。我也把这位老师的表扬转告给了同学们。

学霸的标准

每个学生都想取得优异的成绩，优异成绩只有学霸才能取得。可是，能成为学霸的学生寥寥无几。要想成为学霸，首先要像学霸一样认真听讲、积极举手、认真完成作业，还要像学霸一样自律。

上课积极举手回答问题的只有那几个学生：李思瀚，杨逸轩，杨召越。

他们每举一次手，我都会说："你们知道学霸是什么标准吗？"没人说话。我继续说："学霸的标准就是，上课积极回答问题。你看后面那几个举手的，这就是学霸。"学生回头看他们。举手的那几个学生，心里美滋滋的，脸上露出了笑容。

李思瀚有个习惯，上课喜欢趴在桌子上。我看他趴在桌子上后，走到他身旁说："学霸，还有个特点——坐姿端正。"

李思瀚立马坐端正。坐姿不端正的学生，听到这句话后，也立刻端坐起来。

效应七 配套效应——行为匹配

　　课堂上，我让学生完成语文课本中的"小试身手"，让学生写自己家人的一个特点，并且还要选择典型事例。我给了学生五分钟的时间，让他们列提纲。提纲，以前学过，并且每次写作文时，都让学生使用过。我下去巡视，发现李思瀚和胡宸宇两位同学把提纲画成了思维导图。

　　我在班里说："我看了一下，大部分学生只是简单地列了一下提纲，而胡宸宇和李思瀚借助思维导图完成了这项任务。学霸还有一个特点，那就是创造性思维。咱班两位同学把我布置的学习任务创造性地完成了。"其他同学也尝试着把简单的提纲修改成了思维导图。在以后的作业中，李思瀚总是用创造性的方式来解答。

　　李翰东，晚上的作业经常在十点之后完成。我看了一下语数英三科的作业并不多，有时英语还没有作业。我在班里做调查："在学校能完成作业的三分之一以上的请举手。"班里29个同学举起了手。我说："其实家里并不是做作业的地方，你们知道那是什么地方吗？"大家异口同声地说："玩的地方。"我说："为什么有的同学完不成作业？在学校想着回家做完，到了家只想着玩，结果什么作业也没完成。"

　　我对李翰东说："让我猜猜你为什么每次做家庭作业，都做到这么晚。"

　　他眨巴着眼睛，看着我。

　　"你嘛……在自己的房间里一边做，一边玩，玩啥呢？玩笔。有时还会发一会儿呆。我说的正确率有多少？"

　　李翰东愣住了，说："90%。"

　　我说："我如此厉害？"

　　"嗯。"他点头。

　　我接着说："学霸一般的特点是做作业很积极。你今天下午抽时间把语文作业完成。"

　　下午第三节课是我的课，我问李翰东："你的语文作业完成多少了？"

　　他说："全部做完了。"

"哇！不到三十分钟的时间，就把作业做完了。"全班给他鼓起了掌。

我冲他竖起了大拇指，说："这就是学霸。"

我用学霸的标准引导着每位学生，激励着每位学生，每一位学生也朝着学霸的方向努力奋进。

作业拼多多的质量

我来到教室，看到张贴在黑板上的作业拼多多——英语：抄写第二单元前四个单词。这是昝庄淇布置的。一个单元只抄写四个单词？这算什么作业？显然是在闹着玩。

我把昝庄淇叫过来问："一个单元几个单词？"

她说："二十个。"

我问："为什么只布置这一点？"

她没有回答我，而是说："那……那……我改一下作业。"

她把作业改完后给我看——抄写第二单元黑体字单词。这一次，增加了一点作业量。

第二节课后，我看到语文、数学的作业也布置上了。语文是抄写《四时田园杂兴》，仅一首诗。这一首诗已经学过很久了，而课后题要求默写；数学是第16页第一题，我一翻书，很简单。出现这种普遍的简单情况，一定有原因的，必须要引导，否则作业拼多多就形同虚设，起不到应有的作用。

课上，我问今天布置作业的学生："为什么只布置这么简单的？"游恩艺说："我就想让大家都来写我布置的作业，布置多了就没人写了。"这显然是实话。学生谁也不愿意做量多的作业，谁也不愿做难度大的作业。

我说："你们布置的作业质量也太差了，这不是在闹着玩吗。做这样的作业还有什么用？你们知道做作业的目的是什么吗？"

索书轩说："是为了考个好成绩。"

姜炎虎说："是为了巩固知识。"

我说："做作业，就是为了巩固所学的知识。前几天，我调查过咱班学特长的学生。在特长班，学完一节课后，老师是不是让你们练习？"

"是！"

"为什么让你们练习？"

索书轩说："是为了让我们学会。"

"是的。不练习，就不会。比如，学了书法，不练习，就不会写；学了街舞的动作，不练习，就不会。不但要练，还要反复练。特长班老师让你们练习的内容，也叫作业。"

我问学生："用钱买过东西的同学请举手。"

大部分学生举起了手。

我接着问："你买东西时，因为那件东西便宜，你买了，但事后，不好用。有过这种情况的，请举手。"

大部分学生举起了手。

"我买笔管时，图便宜，多买了几根，结果不怎么下水。"杨召越说。

所有同学都有同感。

我说："一分钱一分货，便宜的，质量不一定好。"

我接着问："喜欢用名牌的请举手。"

所有学生都举起了手。

刘旭函说："质量好。"

李思瀚说："有面子。"

……

我说："名牌，最大的优点就是，质量好。否则成不了名牌。"

我联系作业说："做作业也是同样的道理，低质量的作业如同便宜的物品，一点都不好。你们没感觉到做低质量的作业是在浪费你们的时间吗？经常做这样的作业，你的能力提高不了。要做就做高质量的作业。什么样的作业叫高质量的作业呢？有思维含量的，需要动脑筋完成的，能帮助你巩固学过的知识的。如果你能够出一份高质量的作业拼多多，那么你的学习水平肯定会很高。如果把其他同学难住，那你的水平就更高了。你的水平要与你出的作业水平相匹配。"

接下来，发起作业拼多多的学生，都会用心思考自己所出的每一份作业。有学生为了出一道高质量的作业，能查很多学习资料。

合格学生的标配

放学时，黎子豪盯着黑板看，并且还用嘴不停地嘟囔着。我问他："你看什么呢？"

他说："看作业。"

原来他是在看今天写在黑板上的家庭作业。

我说："用脑子记不住。"

在这里看作业的还有马瑞轩、姜炎虎、杨逸轩。

结果到了第二天，他们的语文作业就出现漏做的情况。

"黎子豪，46页怎么没做？"我拿着"同步练习册"问他。

他挠挠头说："忘了。"

"好记性不如烂笔头，用脑子记不住。"

每天下午，语文、数学、英语的作业会写在黑板上。第二天老师批阅作业时总会发现有的学生不是漏掉这里就是漏掉那里。语文如此，数学如此，英语也如此。为什么会出现这种情况？原因就在一个本子上。每天布置完作业后，用心的学生会把作业认认真真地抄写在记录本上，不用心的学生在放学时走到黑板前看一眼作业，自以为记住了每一项作业，其实只记住了个大概。

我在班里跟学生反馈这种情况："我在看语文作业时，发现咱班有些学生的语文作业'缺斤短两'，有的题不做，数学老师向我反映这种情况，英语老师也反映过。'缺斤短两'的学生就是那几个。他们为什么会'缺斤短两'呢，因为这几个学生缺少一项装备。其他学生呢，则拥有这项装备。在一定程度上讲，是否拥有这项装备，就把你们区分为合格学生和不合格学生。"

他们瞪大眼睛，认真听着。

"这项装备是啥呢，请看大屏幕。"我把在课下抓拍的用心的同学拿着本子记作业的照片投了上去。

"这是索书轩。"

"这是陈韵惠。"

"这是孙明辉。"

……

我一连播放了十多张照片："你发现那件装备了吗？"

马瑞轩立刻说："记作业的本子。"

"对！就是这个本子能把你们区分出来。合格的学生一般都拥有这样一个本子……"

马瑞轩插嘴说："我也有这样的本子，我妈给我从网上买的。"

闫步群说："你又不记作业。"

我接着说："他们呢，每次都把布置的作业认认真真地抄写下来。他们的作业呢，都能保质保量地完成，而不会漏掉。不合格的学生，一般都不往本子上写，只用脑子记，当时记住了，刚出校门就忘了一项作业，走着走着又忘了一项作业，进了家门，作业是啥，记不起来了。所以，作业总是'缺斤短两'，不是少做一个就是漏掉两个。从今天起，每个学生都要准备一个记作业的本子，并且每天都要记，这才是合格的学生……我明天要检查哦。"

在检查的过程中发现，所有学生都准备了记录本。我说："现在咱班所有学生都准备好了记录本，只是第一步，第二步还要记作业哦。这才是合格的学生。"

准备了本子，并不意味着所有学生都会去记录。我每天让语文组长检查记作业的情况。在组长的检查下，保证全班全部记录。学生把作业记全，才能把作业做全。

闫步群没穿校服，没戴红领巾，急匆匆地跑进教室，我把他拦住，开玩笑地问："咦？你是哪个学校的学生？"

他惊讶地说："我是五中的学生。"

"我怎么看不出你是五中的？你怎么证明你是五中的？"

他笑着不语。

我指着从旁边走来的索书轩说："你看，这才是五中的学生，她穿着校服，我一眼就能看出来。她戴着红领巾，我一眼就能看出她是小学生。这才是合格小学生的标配。"

班里没穿校服的，还有几个学生。班会课上，我跟学生说："我发现，我们班混进了几个外校的学生。你们发现了吗？"

他们天真地四处张望。闫步群笑了，他明白是什么意思。

"你们找到了吗？他们就是闫步群、李一茗、吕思聪、李政霖……我们学校的学生都穿着五中的校服。"

他们盯着这几个学生，笑了起来。

我说："一个合格的学生的标配，在学习上是用记录本记录作业，一个合格的五中小学生的标配是穿校服、戴红领巾。你看这学期刚从外校转来的高建超、姜昱琳两个同学都穿上了咱学校的校服。"

星期一，学生都穿上了校服、戴上了红领巾，升旗仪式上我给他们拍照，放学站队时我给他们拍照，跑操时我给他们拍照……班会课上，我把这些照片播放给他们看："你们看，站得多整齐，跑得多整齐！这就是一道靓丽的风景。"

效应八　沃尔森法则——获取信息

沃尔森法则，是美国企业家 S. M. 沃尔森提出的法则。主旨为把信息和情报放在第一位，金钱就会滚滚而来。

——百度百科

日本尼西奇公司原是一家专门生产雨伞的小企业。一次偶然的机会，董事长看到了一份最近的人口普查报告，他从中获悉，日本每年有250万婴儿出生。他立即意识到尿布这个小商品有着巨大的潜在市场，于是立即转产尿布，其产品畅销全国，走俏世界。

后来，这家公司成为了知名公司。这得益于，董事长从一份人口普查报告中，获取了信息，并对其进行分析，才看到了巨大的商机。美国企业家沃尔森认为，要想在市场竞争中获胜，就必须做到知己知彼，只有充分掌握市场变幻莫测的信息，对其加以分析和明确，才能让企业在竞争中立于不败之地。

信息对战争来说很重要，对企业来说很重要，对班主任进行班级管理来说，也很重要。中途接一个新班，要从原班主任以及任课教师那里了解班里的情况；在管理学生时，要充分了解学生家长的信息，比如家长的教育理念、脾气性格等，进行有策略地交往；班级量化成绩要想靠前，就要了解学校对班级量化的规则，做到有的放矢。

向任课教师了解情况

支教结束,回校后,我中途接了五年级二班的语文和班主任工作。中途接新班,内心有些忐忑,学生的情况家长的情况均不了解。为了能够顺利地接手这个班,我开始找之前的老师了解这个班的情况。

我向以前任教这个班的数学老师打听,她说:"这个班,纪律比较好,没有调皮的学生,在后面个子高的,也不闹。"

我一听,心里那个美啊,没有调皮的学生,就不用操那么多心。

她的话锋一转:"但是,这个班的成绩比较差,后进生比较多。"

我说:"成绩差,也没事,只要没调皮的学生,就会省心。"

我教的上届学生中,调皮的特别多,每天都惹是生非,一周不惹点事出来,这一周就不叫过完,我有着操不完的心。

我向教这个班的英语老师打听,她说:"这个班的纪律很好,我就喜欢在这个班上课,还有几个学生我特别喜欢。"

……

向任课教师打听的消息毕竟是离散的不够系统,要想对这个班级进行系统的了解,就要向班主任打听。

我主动联系原班主任——邱老师,向她询问更多的情况。她下午特地赶到学校来跟我做了交接。她把学生的所有信息表给了我,还把四年级的成绩单发给了我。我一看成绩确实很差,语文不及格的有十多个,并且二十来分的有三个,还有一个居然只考了 2.5 分。数学不及格的,也是十多个。

她说:"这个班的后进生比较多,班级总体成绩不理想。"

她指着名单上的学生说:"这个,父母离异,他很小的时候,父亲因为离婚的事，光打他，把他打出了病。这个，父母也离异，一直跟着妈妈。这个，爸妈都是聋哑人。这个，他妈妈在他很小的时候去世了，一直跟着奶奶……"

听着她讲这些学生的家庭情况，我内心中不由得对他们产生了怜悯之情。

她又说："这个学生，很有个性，当过班长，管理能力很强。这个是路队长，比较认真，但是有点滑头。这一个，喜欢告状。这一个女生，事特别多。这一个，还是小组长，不过以前偷过东西……"

她对每一个学生进行着点评，我详细记录着他们的情况。

我比较关注的是这个班有没有不讲理的家长，便问："班里有没有不讲理的家长？"

"家长都很好，没有说孩子发生一点事，就没完没了的。这几个家长是家委会的，有什么事交给她们去做，她们都能积极地完成。不过，班里还有几个家长特别护孩子……"

经过多方打听，我对这个班有了了解，对学生有了了解，对家长也有了了解。

班级纪律良好，我没有在这上面花费太多精力。由于班级中后进生比较多，所以，我的重点工作就放在他们身上，不断想办法激励他们。

学习生字，我先叫那些成绩好的学生读，一个读了，下一个读。读完三四遍之后，再叫成绩差一点的学生读。成绩再差，听上三四遍之后，也就会读了。他们读正确后，大力表扬，增加他们的自信。渐渐地他们在课堂上，找到了自信，能逐渐主动回答问题。

一天英语老师向我抱怨："你班C同学，没完成作业，我给他妈打电话，直接挂掉，不接，并且发短信来问我是谁。我直接跟C同学说，你妈不接我电话，还发短信问我是谁，怎么这么没有礼貌，晚上让她给我回电话。"我听后，忙解释说："他爸妈是聋哑人。"英语老师这下气消了，内疚了，马上向C同学道歉。如果我不提前了解到C同学的信息，就也会产生很大的误会。

由于我提前了解了学生信息，对于滑头的学生，惹了事之后，我心中早已有了应对的策略，不至于束手无策。

由于我提前了解了家长的特点，对于那些不讲理的家长，我也提前想好了与他们交往的办法。

……

接手一个新班，就要首先向班主任、任课教师了解班级的整体情况，了解个别学生的情况，了解个别家长的情况，只有了解了这些信息，做到知己知彼，才能管好班级。

在交往中了解家长

作为班主任，要管理好班级，既要了解学生的脾气性格，也要了解每一个学生家长的脾气性格，这样才能有的放矢地去管理，不至于使班主任工作被动。

一天，L 同学在走廊内将一个二年级的男生的裤子脱掉了。这个二年级的男生哭着找到了我。我把 L 同学叫了出来问情况，他不承认。即使那个二年级的男生跟他对质，他也不承认是自己干的。看到他给别人脱裤子的，还有本班的闫步群和二年级的一个学生。我把他俩叫过来，在他们的共同对质下，他才承认了自己的错误。

临近期末，L 同学的同桌被别人用笔在校服上画上了线条。后面的学生看到是 L 同学画上去的，但他就是不承认。我让他把人家的衣服拿回家去洗一洗，他不同意。我在班里批评了他。结果中午，他妈打来电话为自己的孩子讨公道说，自己的孩子不会做这样的事，自己的孩子做了就承认，没做就不承认，你不能当着全班的面这样对待孩子……

后来，我向邱老师了解 L 同学家长情况，她说，这个家长很护自己的孩子，以前 L 同学和班里一个学生发生矛盾，她就一直护着自己的孩子，说孩子没有错，还来办公室闹。

经过这件事后，我对 L 同学及其家长有了新的认识，一旦 L 同学惹了事，我一般不会第一时间找他问情况，而是在充分调查清楚、找到多个证人后，再去询问他。这样，他就无法再抵赖了。一旦他承认了，并且还有证人，再找他家长，家长也就无话可说了。

在管理问题学生时，只有充分了解学生情况以及家长情况，才能采取适当的措施。在不了解情况之下，盲目采取措施，往往会适得其反，给自己带来麻烦。

为了激励学生写作，我创办了班级作文周报，给学生提供发表文章的平台。我对学生的写作内容没有进行任何限制，只要学生能写出自己的真话、实话。有学生写我长得矮，翻脸快，我把它发在了作文周报上，我没意见。有学生写自己的家长对自己很凶，把妈妈说成母老虎，我把它发在了作文周报上，家长没意见……

一个女生写了一篇关于她前同桌的作文，内容是这样的：

今天，我终于换了同桌。那个同桌，除了学习好点，没什么好的。每天只知道抖腿。整天说他妈这能，那能的，这么能，咋不管理地球呢？简直是一个妈宝男。

其实发表的目的就是想刺激一下男生，让他写一篇来回击。以此，来实现作文交际的功能。

在我看来，里面也没有什么不当的言语，如果有，也是小孩子写的作文，没什么大不了的，于是发在了作文周报上。

晚上，那位男生的妈妈用手机把发表在作文周报的这个片段发给了我，什么也没说。我明白了什么意思，立刻打电话向她解释。我跟她讲儿童的话不要当真，之所以发这篇作文，就是想激发她孩子写一篇作文进行回击……她却说，这篇作文是对自己的人身攻击，是诋毁，已经超出了作文的范围，再者这样的文章让自己的辅导班招不起生来，这样用作文攻击来攻击去多累，不想让自己的孩子这样……

没想到这篇作文，对她刺激这么大。后来，我还了解到，她还把这个片段拍照发给了那个女生的家长。

这是一件关于作文的事，另一件是关于她孩子白球鞋的事。男生在一起少不了打打闹闹，她孩子也曾经踩过别人的鞋，这次她孩子的白球鞋被他人踩脏了。她不愿意了。

在与这家长的接触中，我对她有了更进一步的了解。当我在管他孩子时，当其他同学的作文中又写到她孩子时，我格外小心。

在班级管理中，我们要充分了解家长，一是从以前班主任那里得知，二是在实际交往中获得。面对不同的家长，要采取不同的办法与他们进行沟通交往，班级工作就会顺利很多。

"剧透"考试题

后进生，一个共同的特点就是在学习上缺乏自信，有一种挫败感。由于在学习上屡次失败，所以他们在学习上有一种习得性无助感。他们看不到收获，也就放弃了努力。

马瑞轩、姜炎虎成绩一直不理想，考试从没有及格过，语文甚至考二十多分。他们被考试失败打击得不再学习。虽然失败是成功之母，但是他们从失败中从未获得成功过，获得的永远是失败。对于小学生来说，成功才是成功之母。只有他在某一方面取得成功，他才会有一种成就感，会越干越有劲。

马瑞轩每次考试，作文写一点，最多四五行就结束了，六年级作文字数的要求是至少450字，四五行哪能行呢？每次问他为什么只写这一点，他总是说没什么可写。

后天要进行第二单元测试，上着课，我把马瑞轩叫到教室外面。一开始，他比较紧张。我神秘地告诉他："我把明天考试的一道题跟你说，你只要好好复习，肯定比上一次考得好。"他脸上露出了笑容。

"但是，你不能把这道题告诉其他同学。"他答应着。

"我把作文告诉你，明天考试的作文是写一篇名著的读后感。你不是有一本《教材全解》吗，上面有例文，你把它背过，你就能考得比以前好。"

他一听，露出了笑容。

我说："你背过了，明天直接默写上，用不着费脑子构思。能背过吗？"我对他还是不太放心。他说："能。"

他笑着回到了自己的座位上。

他的同桌问他："叫你出去啥事？"

他只是笑，没有说。

只见他，拿出《教材全解》，找到一篇读后感，便抄了起来。我凑到他耳边，小声地问他："你不背吗？"他说："我先抄一遍再背，这样背得快。"我冲他竖起了大拇指。

姜炎虎，每次考试基础知识错得最多。

我把他叫到教室外面，问他："明天要考试了，你想考好吗？"

"不想。"

他的回答令我很惊讶。

"为什么？"

"我不会做，想也白想，所以我就不想了。"这个回答倒是很实在，从中也看出了他对学习彻底失去了信心。

我看着他说："我有办法让你考好。"

当说到这里时，他眼睛一亮，说："真的？"

"我把明天考试题的内容告诉你，你不就考好了吗？"

效应八　沃尔森法则——获取信息

他很兴奋："好的。"

我的话锋一转："但是你不能告诉别人。"

他拍着胸脯说："没问题。"

"《七律·长征》的最后两句话，考默写。语文园地中的词句段运用考的是仿写句子，你就把我们上课讲的直接写上就可以。还有，看拼音写词语是本单元词语表中的。"

"老师，拼音我不会拼。"

"你把语文书拿出来，我给你注上音，教给你拼，告诉你考哪几个词语。"

以前考试时，他们俩写上名字，瞎蒙上几道题后，悠闲地坐在那里玩，啥也不写，试卷几乎是一片空白。他们不是不想写，而是不会写。

这次考试，他们没有玩，马瑞轩把作文写得密密麻麻，姜炎虎呢，把基础知识全部写上了。他俩没有花费很大的力气，就取得了一个突破性的成绩。

成绩出来后，他俩都及格了。

我在班里表扬他们："这一次考试，咱班有两个同学进步很大，一个是马瑞轩，另一个是姜炎虎，他们都取得了突破性的成绩，及格了。"全班为他俩鼓掌祝贺。

我问他俩："及格是啥感觉？"

"爽！"

这一次他们获得了成功，是因为提前获得了考试题的信息，并通过自己的努力考出了一个不错的成绩。好的成绩，帮他们树立了学习的自信，还激发了他们学习语文的积极性。语文课上，他们有了学习的劲头，知道应该学什么。在学习上也有了自信，感到自己能够学好。

距离期末考试还有一周的时间，马瑞轩找到我说："老师，你告诉我一下期末的试题吧。"期末试题，我哪能知道，但是考试的范围我是可以猜到的，于是跟他说："你拿语文书来，我给你画考试重点。"我给马瑞轩画了，也给姜炎虎画了。

期末考试，马瑞轩和姜炎虎虽然没有及格，但是成绩都相比以前有了很大进步。

关注班级量化

4月份结束了，我班的月度班级量化成绩，居然倒数第一。这让我很吃惊。问题出在哪里呢？每周班级量化成绩在教学楼门厅的公示栏中进行公示。因为我感觉现在的这个班整体不错，没有特别调皮的学生，卫生很干净，课间纪律也很好，班级量化应该没有问题，所以一般不太关注。这一次，我特意走到公示栏里看了一下，我的天哪，纪律扣了5分，路队扣了4分，本周的量化分扣了9分。有点多。这个分数与其他班产生了相当大的差距。

我对上周的轮值班长——王孜烨说："你利用课间时间到德育处去查找详情，谁扣了分，哪一天扣的，因为什么原因扣的，一一记下来。"只有了解了详情才能知道问题出在哪里。

王孜烨回来后，把一张纸条交给了我，上面记录着每个违纪学生的详细情况。

我问学生："在门厅里张贴的班级量化分看到了没有？"

"看到了。"几个女生说。男生一般都不太在意。

"咱们班扣了9分。近期谁违纪了，请起立。"

没有一个学生起立。看来，他们都不想承认。

我说："这是王孜烨从德育处抄来的违纪记录。"

学生一看，有了铁证，想抵赖也抵赖不了了。此时，李一茗、李翰东、李思瀚、常家硕站了起来。

"你们几个都干啥了？"

李一茗说："我在校园里跑了。"

李翰东说："我升旗时迟到了。"

李思瀚说："跑了。"

常家硕说："我也跑了。"

我说："另外，咱班另一项扣分是路队，这一项也扣了很多。在校园里，肯定不会扣，因为我送你们出校门，你们走得很整齐，这个分肯定是在出去校园后被扣的。"

陈乐萱说："每次出校门后，胡宸宇、杨逸轩等人都在那里说话，还有的打闹。执勤员就在旁边。"

孙凤鸣说："杨召越和孙明辉也在闹。"

……

许多学生都主动说出了走出校门后队伍的各种乱象。

我说："每个轮值班委，轮值结束后，要去关注一下轮值期间的班级量化成绩。扣了分，要到德育处查详情，知道我们在什么地方扣的分。下一步的工作重点，就是要有意识在这方面努力弥补。"

每一周都关注量化成绩，知道哪方面出了问题，就在哪方面努力。放学路队出了问题，我就把学生送到接送区；纪律出了问题，我就强调不要在校园内奔跑，并让轮值班委进一步加强对学生的监督；有几个学生升旗仪式经常迟到，周日晚上我会给家长发信息，告知升旗的时间，让家长早点送孩子到校……

每次开班主任会，我还时刻注意德育处每周布置的工作任务。只要布置了任务，就纳入量化考核中，不完成就没有量化分。这一些都是重要的班级量化信息。

这一周开展卫生评比，我嘱咐学生要时刻注意个人卫生以及班级卫生，要比平时对卫生更加严格。这一周开展跑操评比，从学生集合到跑操过程，我都对学生提出了严格要求……

由于注意到了这些关键的信息，所以，我们班在各项评比中，做得很好，班级量化也很少丢分。

分享"致富"信息

每个月举行一次"班级财富排行"活动，每一次财富排行都会诞生一个"月度班级首富"，即本月获得班币最多的学生。获得月度班级首富的学生要进行"致富"经验分享，也就是把自己的"致富"经验分享给全班同学，同时与个别同学签订"致富"协议。

3月份，马秋雯是班级首富。她与杨逸轩、刘丹阳签订了致富协议，可是一个月后，这两个同学并未完成协议目标——本月的财富值在原来基础上提升5%。

4月份的班级首富是董承俊。举行财富排行榜活动，当读到董承俊的名字时，他有点不可思议，张大了嘴，瞪大了眼："什么?"他这是第一次登上财富排行榜，并且一上榜就成为了月度班级首富。

我郑重其事地说："下面有请董承俊为大家分享致富经验。"

他走上讲台，说："我的致富经验很简单，就是多参加作业拼多多活动。"因为这段时间的活动主要是作业拼多多，只要按时完成拼团，就会获得额外班币。

我说："你详细说一说。"

他详细地说："我只要看到有发起作业拼多多的，我就立刻报名参加，不管是语文还是数学。每完成一项就能获得2个班币，我一天能获得4个班币，一周就能获得20个，一个月获得80个。只要我报名了，就回到座位上马上写，这样才不至于忘记。"有些学生也报了名，但是报名后就去玩了，结果把这件事给忘了，也就不能挣得班币。抓住有利时机劳动才能获得更多班币。

我跟所有学生讲："董承俊敏锐地捕捉到了这一个月致富的信息,成为了月度班级首富。我们每个月的活动重点不同,你要时刻关注,上个月主要活动是写日记,而这个月主要活动是作业拼多多。要致富,信息很关键。马云敏锐地捕捉到网络的迅速发展,所以他成为了首富。张一鸣敏锐地捕捉到了短视频的发展,所以他登上了福布斯排行榜。你们要敏锐地捕捉在班里致富的信息,增加自己的财富。"

课下,我问马秋雯:"这一个月知道为什么,杨逸轩和刘丹阳没达成目标吗?"

她说:"不知道。我也在努力督促他们写日记。"

按照她在3月份分享的致富经验是日记的收入帮她提升了财富,所以她就一直按照这个办法帮助杨逸轩、刘丹阳提升财富。

"不是因为你们不够努力,你们已经很努力了。但是4月份,班级活动发生了变化,去掉了写日记加班币的活动,增加了作业拼多多的活动。"

"哦。明白了。"她这才恍然大悟。

"这就是你的信息不准确导致的。这就是为什么董承俊能获得月度班级首富的原因了。无论做什么事,信息很关键。"

这一学期班里举行作业拼多多活动。团长布置作业,找其他同学与自己一起做这项作业,找到的同学越多,获得的班币就越多。一开始,没有几个学生重视这项活动。在周一发"工资"时,王孜烨一周挣了100多个班币,这可惊掉了大家的下巴。为什么这么多呢?他的作业拼多多为他挣了很多班币,其他同学也像他那样努力参与作业拼多多。

班级每月围绕一个主题举行一个活动,每个活动都有班币奖励,只要关注这些活动信息,学生就能轻松获得班币。我跟学生讲,我们既要低头踏实干活,又要抬头看天关注信息。

管理手机

孙明辉、贾炜宸、李思瀚、刘瑞泽等几个男生的作业一直不理想，完不成作业成了他们的常态。每天来到学校后，就在那里补作业。按照我们布置的作业量，学生应很快就能完成，而他们却从来没完成过。作业上能反映出一个学生的学习态度。我对这几个学生晚上在家做什么很是好奇，于是把这几个学生家长叫到一起，与他们进行沟通，了解他们孩子放学回到家后，都干什么。

李思瀚家长说："孩子回到家后，我看着他做作业，只不过做作业时，都在那里磨叽，不写。每次做作业都说英语有听力，用手机听听力，后来我发现，他趁我出去的时候，看漫画。还有好几次，我发现他经常拿我手机看漫画，有时是半夜，趁我睡觉后拿。我都换了好几个地方藏手机，手机解锁都改成了刷脸……"

孙明辉家长说："一回到家，把书包一扔，就摸手机。要是把手机给夺过来，就跑到屋里关上门。为了不让他看手机，都摔了好几个……"

刘瑞泽家长说："每次做作业都说用手机查资料，问其他同学题，有次我就发现他在那里玩游戏……"

贾炜宸家长说："我是为了联系他给他买了手机，每次回到家打开手机，里面消息提醒一个接一个。给他把手机拿起来，他就好几顿饭不吃，都不搭理我……"

听着这些家长的诉说，我从中听出了她们的无奈，听出了这些学生不学习的缘由——手机惹的祸。

家长对孩子的手机不是没有进行管理，而是方法不当：要么抢、要么摔、要么夺、要么藏。可是这些方法都不管用，渐渐地家长也就对他们放任不管了。

我对家长说:"你们孩子的学习,全都是手机给拖累的。这些孩子,只要稍微一用力,成绩就上去。这样,你们回去后跟孩子说,今天田老师找你们开家长会主要是因为手机的事,一定要告诉孩子,周一到周五不能玩手机,跟孩子说要么把手机交给家长保管,要么交给田老师保管……"

开完家长会,我单独找那几个学生交流。

我对他们说:"今天我单独给你们家长开了家长会,把你们叫出来,是想把这次家长会的内容告诉你们,你们家长都夸了你们。刘瑞泽,你妈夸你做的菜特别好吃,你爸爸生日时,还给爸爸做了菜。孙明辉,你妈妈夸你很懂事,能帮助家长做家务。李思瀚,你妈妈夸你这段时间进步很大,很少惹她生气。贾炜宸,你妈妈说邻居都说你很懂礼貌,都很羡慕她有这么一个懂事的儿子。"

我这一表扬,他们个个都很高兴。

我接着说:"你们家长都反映了一个问题,那就是你们都很爱玩手机。午休时,看手机。吃早饭时,看手机。这个手机严重影响了你们的学习,你们感觉到了没有?"

他们点头。

我说:"只要你们在周一到周五不玩手机,总成绩上升 20 分没问题。怎么样才能做到不玩手机呢?你们好好想想。"

我给了他们一分钟思考的时间。

刘瑞泽说:"把手机交给家长保管。"

刘瑞泽正好说出了我的意思。这个意思从学生口中说出,效果要比我说出好多了。

我赶紧说:"你们同意吗?"

李思瀚爽快地说,同意。

因为他又没有手机,当然会同意了。

孙明辉咬了咬嘴唇说,同意。

贾炜宸，一直红着脸，没有任何表现。

我说："就等你了，快点。"

"同……同意！"

"好！咱就这么定了。周一到周五，手机由家长保管，周末可以拿来自己玩。回家跟家长说，主动把手机交给家长。到明天，我会问你是不是把手机交给了家长，我还要向家长核实。"

到第二天，我问他们，他们都说把手机交给了家长。这只是成功的第一步，为了保证他们能够长期坚持下去，我还起草了一份"手机管理制度"。

手机管理制度

从5月31日起，本人把手机主动交给家长保管。

每周一到周五，不以任何借口玩手机。周五完成所有作业的三分之二、家长检查合格后，方可玩手机，否则不能玩。

周末或假期期间，未完成所有作业，家长有权限制玩手机的时间；在完成所有作业后，家长不得干预玩手机的时间。

如果周一到周五出现玩手机的情况，手机不再由家长保管，而是交由田老师保管。

本协议自2022年5月31日起至期末考试结束。

家长签字：
学生签字：
2022年5月29日

"手机管理制度"一式两份，学生带回家签完字，自己保留一份，上交一份，以此来约束他们。

效应九　快鱼法则——快速解决问题

快鱼法则，是由思科首席执行官钱伯斯先生的名言"快鱼吃慢鱼"衍变而来的，他在谈到新经济的规律时曾说，"在网络经济时代，不是大鱼吃小鱼，而是快的吃慢的"。也就是说大公司不一定能打败小公司，但是速度快的企业却一定能打败速度慢的企业，速度会转换为市场份额、利润率和经验。

——《每天学点经济学 2：改变一生的 66 个经济学定律》

在当今市场经济的激烈竞争中，所有企业都在抢抓市场先机。加拿大将枫叶旗定为国旗的决议在议会通过不久，日本生产的枫叶小国旗和玩具就出现在加拿大市场，销售异常火爆，而加拿大的厂商却坐失良机。

蒙牛刚创立不久，就开始奋力奔跑，牛根生用了 8 年时间把刚创业的蒙牛做成了"全球液态奶冠军""中国乳业总冠军"。2003 年央视经济年度人物颁奖词这样评价："他是一头牛，却跑出了火箭的速度。"蒙牛靠速度站稳了脚。

这些企业都遵循了快鱼法则，快速行动，快速发展。

在班级管理中，也要遵循快鱼法则。学生出现了问题要马上解决，以免有后患；学生表现好了，要及时表扬，以此激发学生积极性；班级活动的规则公布了，要马上实施，以发挥活动的效能……

文字的力量

让学生喜欢写日记，除了用外在的激励措施，比如等级、奖状等对学生进行激励外，还要让学生切身体会到文字的作用。

每天早上，我都会利用晨读的时间快速批阅学生写的日记。在翻阅学生日记时，我看到了董承俊写的一篇日记：

我申请换位

田老师我太想换位了，但一直没说，是因为我在积累怒气，现在积累得不行了，不得不向您提出换位的申请。

我非常想远离我那俩后位。在上第三节课的时候，她俩一直在说话。杨逸轩提醒了也没用。杨依莩刚低头拿东西，她俩就开始左说右说，前说后说，让我觉得老烦。她俩笑嘻嘻的不止是这一节课，只要上副科，她俩就说话，我叫她们别说了，她俩还不听。我上一周负责管理上课纪律，她俩上课说话，我提醒她们时，还骂我，还问我怎么不记别人。那一节课，她俩一节课都在不停地说。

田老师，我真的太想换位了，真的，只要远离她俩，到哪里都行。

田老师，我申请换位！！！

他把自己想调位的事，用文字表达了出来。学生大了后，有很多事不愿当面跟老师说，能通过文字表达自己的诉求和想法是值得肯定的一种方式。

我在下面写了一个字："准！"然后给了他，他看到后，脸上露出了微笑。

董承俊写的日记，让我想到了刘依涵的事。刘依涵跟宁宇轩同桌，她俩经常因为一点鸡毛蒜皮的小事闹矛盾。刘依涵不愿跟宁宇轩同桌，没有跟我口头说，只是前几天在日记中写到过要求调位的事。我看到后，立刻给她寻找同桌。虽然没能成功找到合适的，但是我让她知道我是通过她写的日记知道她要调位的事；立刻在第一时间内找她谈论换位的事，是让她知道我在第一时间帮她解决她的困难。正好，这次董承俊也通过文字的形式提出来了，并且对同位没有任何要求，这下两个问题都好解决了。

看完董承俊的日记后，我立刻把刘依涵和董承俊叫到教室外面，跟他们商量调位的事。现在学生大了，老师给他安排的座位自己不一定愿意，只能跟他们商量。

我问董承俊："你愿到刘依涵那个地方吗？"

董承俊沉默了一会儿说："我看看她在什么地方。"他到教室门口看了一下刘依涵的位置，回来说："愿意。"

我问刘依涵："你愿意到董承俊那里吗？"

她毫不犹豫地说："愿意。"

这下，两个问题都解决了。董承俊很出乎意料，没想到这么快就解决了；刘依涵也感到意外，没想到自己的问题也被解决了。

由于我对学生的日记书写没有什么要求，书写内容比较宽泛，什么都可以写，于是学生会把学习和生活中遇到的问题，写进日记里。这成了我了解学生内心想法的途径，也成了我和学生交流沟通的渠道。

对学生在日记中提到的诉求和问题，要快速解决。一是为了给学生解决难题。二是让学生体会到文字的力量，让他学会用文字表达自己的诉求。快速地解决学生的诉求，就是让他明白文字已经把自己的诉求传递给了老师，文字这种渠道能帮他解决问题。三是为了让学生感到老师在时刻关注他的内心世界。学生一旦体会到这些后，就会积极主动地写日记，就会爱上写日记。从那件事后，刘依涵、董承俊的日记，越写越用心，越写越认真。

面批作业

病人到医院看病，医生根据病人的病情开出检查单，再根据检查结果对病人进行诊断与治疗。医生的专业性就体现在对病人病情的诊断与治疗上。

老师布置作业，是为了让学生对所学知识进行巩固。学生做完作业上交，老师批阅。批阅完后下发，学生订正，甚至有时候老师会根据作业情况，布置一些相关的习题再加以练习。这个过程类似于医生的诊断与治疗。

作业的批改与订正要及时，不能拖，一拖，作业应有的效果就起不到了。

早上，学生来到学校后第一件事，先到小组长那里交作业。如果组长不在，那就把作业本放在组长的桌子上，并在收交作业的记录本上做好记录。早上第一节课前，大部分组长会及时把作业收全，还有部分学生来得比较晚，第一节下课后，也能把作业收全。我要求学习组长，在第一节下课后，把所有作业都要交到办公室。

上午一般是语数英老师最忙碌的时刻，不是上课，就是改作业。一般情况下，大部分老师会利用上午的时间，把作业改完，下午布置新作业的同时下发作业本，让学生订正，第二日在看新作业的同时批阅订正的作业。可是，有的学生作业不订正，还有的学生作业会出错。

我比较喜欢利用下午早到教室的时间和下午第三节课的时间看作业。

下午到校后，我把作业搬到教室，坐在讲台上批阅。一来可以维持好课前的纪律，抓好下午学生到校后的这个关键时间，有老师在教室学生就会很安静，学生能安静地看书，能安静地做作业，能安静地干值日。二来可以进行面批。作业中发现问题，马上叫学生过来，指明错误，当场修改，改完后，立刻再批阅，一遍改不对，改第二遍。如果第二遍还改不对，我就要对学生进行指导。这样不但能提高修改的效率，而且易于学生知道错在哪里。

闫步群抄写的"蒙"字出错了，少写了一横。我圈了出来，把他叫过来："闫步群，改作业。"他把作业拿回去，皱着眉头，不到半分钟就改完了，拿上来给我看。字出错的地方跟以前的一样，但是字倒写认真了许多。我把他刚改的字，又圈了起来。他皱着眉，挠了挠头，有些疑惑。我说："打开书，对照着仔细改。"他把书拿过来，跟我说："老师，就是这样写的啊。"显然没弄明白什么地方错了。我说："你看看书中是几横。"他仔细一看，不好意思地笑了。

不少学生在抄写时，都会出现这样的问题，不是多一笔就是少一笔。如果不当面给学生指出，当面订正，他就不会发现自己的问题所在。

班里的学生，大都是被动学习，遇到不会的问题能主动问老师的几乎没有。语文作业不仅有抄抄写写，读读背背，还有思考类的作业。有思维含量的问题，上课时讲了，把它布置成作业，让学生再做，还是有学生出错。在作业中发现了问题，让学生回去订正，多半是继续把以前的错误再次重复一遍。像这样的问题，我一般在面批过程中，再给个别不会的学生讲一遍，再让他去做。

面批就是当面指出学生的问题，及时反馈给他，让他立马纠正，不让错误过夜。

及时表扬

早上，我来到教室。组长忙着收作业，同学们忙着交作业。早上，是一天中最为忙碌的时刻，值日生还需要打扫卫生。闫步群站在讲台上，维持着纪律。

这一周他们组轮值，他当轮值班长。轮值班长，在轮值期间，班里的大事小情都要去管，比如课间纪律、课上纪律、劳动卫生、放学路队等。

在距离晨读还有五分钟的时候，三组和四组的值日生还没到校，眼看就要上课了。闫步群站在讲台上，大声问："谁想干三组和四组的卫生？我给你们加上班币。"所有的男生举起了手。闫步群犹豫了一会儿说："马瑞轩干三组，董承俊干四组。"他俩从教室后面的卫生橱里，拿起扫帚快速地扫了起来，三组和四组的卫生在上课前干完了。

这一切，被我看在眼里。我立刻表扬他："如果大家都能像闫步群那样认真负责，发现问题及时解决，我们的班级就会运转得很好。"他很高兴。

下午大课间，我到教室去转，教室很安静。只听到一个尖尖的声音："李思瀚，别在那里闹……黎子豪，抓紧干值日。"

我循着声音看去，那是闫步群一本正经地站在讲台上喊出来的。

在他的吆喝声中，那些闹的同学不闹了。值日生也干起了值日。

第三节课，我在班里又表扬了闫步群："课间，我们班的秩序非常好，没有打闹的，值日生迅速干完了值日，这得益于闫步群的管理。希望每一位轮值班委都要向闫步群那样认真负责。"他脸上露出了笑容。及时的表扬让他干劲更足了。

开完家长会，王梓涵妈妈主动留下来，跟我交流王梓涵的情况。王梓涵这段时间，作业完成得不太理想，经常"偷工减料"，其实这个孩子比较聪明，但是由于学习态度不认真，导致成绩下滑比较严重。她妈妈说："今后，我一定在家好好督促她。"自从开完家长会后，我发现她的学习态度端正了很多，她的每日吐槽，不但书写认真，而且质量很高。以前，总是写上两三行，一看就是在应付，有时作业也不写。我及时在班里表扬她："我发现自从开完家长会后，王梓涵写的每日吐槽特别认真，有了很大进步。希望同学们多向她学习。"

从那以后，王梓涵写得更加认真，而且作业也及时交了。

下午第三节课，学生写每日吐槽，我面批作业。《七律·长征》很简单的一篇课文，让学生抄写，班里居然有一半的学生没有全部写对，不得不上来订正错字。

在看作业过程中，我发现姜炎虎的作业不但做了而且很认真，于是对他说："姜炎虎，过来。"他以为我是让他上来订正作业，拿着书和笔跑了上来。我说："你拿着你的本子，挨个让大家看看。"

他明白了我的意思，高兴地拿着自己的本子，神气地展示给每一个学生。

我又对郭知慧说："你也拿着自己的本子，让他们看看。"

大家看完之后，我说："看到这两个同学的作业，你想说点什么？"

杨逸轩说："以前姜炎虎作业经常不做，这次写了。"

刘旭函说："他写得很认真。"

郭珂嘉说："郭知慧书写很认真。"

……

我说："对。现在的姜炎虎已经不是以前的姜炎虎了，现在开始做起了作业。每次抄写类的作业都写了，不但如此，而且字写得很认真。他写的字，比咱班有些成绩好的同学的字还要好看。郭知慧的字，一如既往地认真，正确率很高。"

此时，全班响起了热烈的掌声。

临近期末，我在班里发起了一项"理财"业务，这项"理财"业务是倡导学生利用课间时间相互听写生字，很多学生报名了。课间，我到教室转，只发现杨依荨和郭珂嘉两位同学在学习。我走到她们身边问："你俩在干啥？"杨依荨说："我们在完成'理财'业务。"一上课，我就表扬她俩："今天上午课间，我发现杨依荨和郭珂嘉在座位上学习，希望你们能像她们那样，及时完成自己的学习任务。"

老师要善于发现学生的点滴行为，发现好的行为，就要第一时间表扬。及时的表扬，能给学生带来继续努力表现的动力，同时也是对其他同学的一种激励。

处理打架事件

上午大课间，学生正在做课间操，裴老师领着一个学生来我班找到吕思聪，问："你为什么打他？"

吕思聪说："不是我干的，是李天干的。"

我正在一边，一听是李天惹的事，心里便有数了。李天惹了事从来不会承认，总会用各种谎言掩盖事实，并且他家长还比较袒护他，相信他说的话。只一个人跟他对质，他是不会承认的。我没有直接找李天，而是问吕思聪："到底是怎么回事？"

他说："那两个学生在地上打闹，我看到后对他俩说了句'牛逼'，李天也跟着说了句，于是他们就动起了手。"

我看到那个学生脸上有伤。他班里的学生说是李天踹的，吕思聪则说不知道那伤是怎么回事。

我问吕思聪："这件事在什么地方发生的？"

他说："在教学楼门厅。"我没有具体询问他事情的经过，而是回办公室开始查监控。裴老师又把她班的学生叫来，问在哪里发生的，并且让学生领着她去了事发地。结果那个地方是监控盲区。

我发现门厅的监控可能照到那一角，找到了当时的监控画面，看到了事情的开始：有一个穿黄色校服的学生拖着另一个学生，并且还用脚踹了躺在地上的学生一脚。随后，就有李天和那学生扭打在一起的画面，打着打着就到了监控盲区。

现在，情况已经基本清楚。

这件事必须在上午放学处理完，拖到下午就很难处理。此时已经上课，我把正在上课的吕思聪叫了出来，对他说："我已经查了监控，了解了事情的整个过程。现在问你事情的情况，是看你诚实不诚实，是看你的所说是不是跟监控中的一样。你把事情的经过说一说。"

他说："李天踹了那个学生一脚，踹到了腿上……"显然他现在的说法，跟操场上说的完全不一样，这次说的是实话。在监控中，确实看到了李天踹了那个学生，也看到了李天被摁在地上，同时还有一个穿黄衣服的学生踹了另一个学生一脚。我领着他来到办公室看了监控，他说那个人是何家俊（四年级一学生）。

于是我领着他来到裴老师那里，把情况跟她说了一下。裴老师，又找到何家俊问情况，最终他承认自己踹了那个学生，拖了那个学生。这样事情基本清楚了。裴老师说："我就把我们了解到的事情跟那个受伤的学生的家长说一说。"我心想："李天是不会轻易承认的，即使有证人，我必须在放学之前，让他把实话说出来。否则，他回家后，不知会跟家长说些什么话。"

我把李天叫出来，跟他说："情况我已经基本了解，看了监控，问了吕思聪，也问了四年级的那个学生，现在就看你诚实不诚实了。你妈说你很诚实，你把事情的经过说一说。"他的讲述跟吕思聪的讲述基本一致。

我把他俩叫到一块，让吕思聪把经过说一遍。然后问李天："是他说的这样吗？"李天说："是。"让吕思聪再说一遍，让李天确认一遍，就是为了证实这件事。

情况基本弄清，第四节课即将下课，马上要放学。我立马打电话给他家长，把经过跟他家长讲清楚。这次，他家长也没有为自己孩子辩解，推卸责任。

处理这样的事情，一定要及时，如果不及时，学生极有可能编造谎言来掩盖事实，一旦家长相信了自己的孩子编造的谎言，那时候处理起来就会很困难。

解决卫生问题

经过一星期的观察，我发现刚接的这个班，学生有个习惯，喜欢撕纸。刚开学，没发什么本子，地面卫生还算可以。但是没过几天，这样干净的日子，就结束了。每天碎纸遍地都是，就连抽屉洞也有碎纸。

马瑞轩比较严重，一天下来，抽屉洞里满满一堆纸，抽屉洞俨然成了他个人专属的垃圾桶。不仅如此，他座位周围总是有很多小碎纸。

杨召越的抽屉洞，碎纸也很多。

郭子涵更是这样，自己还准备了一个小书包，专门用来放纸。一天结束，书包就满了。

昝庄淇有鼻炎，每天拿着卫生纸擤鼻子。她的卫生纸，不知何时会跑到其他同学那里，像是长了脚一样。

像这样的学生还真不少。

我一直纳闷，他们是怎么产生的这些纸。后来，我经过上课仔细观察，发现他们坐在座位上不学习，在那里撕纸玩。

针对这种情况，我专门给他们开了一节"节约用纸"的班会课。我问学生："纸是用什么造的？"他们回答说："是用树造的。"我就顺着学生的思路讲："你们每天撕这么多纸，就是在破坏树木，破坏树木会导致地球沙漠化……"我结合PPT图文并茂地给他们讲。

可是，并未起到任何效果——纸仍旧满教室都是。干值日的同学，每半天就要扫出满满一垃圾桶废纸。

班级银行成立后，开展的第一个活动就是奖励"桌洞卫生奖励券"。桌洞卫生奖励券采用A4纸打印，一张A4纸分成若干个小的奖励券。一周，每个学生一张桌洞卫生奖励券。

"这个奖励券中，含有 5 个班币。如果一周内，你个人座位周围没有废纸，你的抽屉洞没有废纸，那么你就可以获得 5 个班币。上课，我会检查你们的卫生，下课还会不定时到教室来检查。如果发现一次，就会给你扣掉 1 个班币。如果在公共区域内发现，比如讲桌前、教室最后面等有废纸，全班每人扣掉 1 个。"

在我讲话时，他们环顾自己的周围，开始拾捡地上的废纸。

我说："这个活动从明天正式开始。"

第二天上午一节课后，我检查，地上没有任何废纸，地面非常干净。下午，第二节课后，我低着头，在地上寻找碎纸，走到马瑞轩那里说，你这里有纸，扣 1 个班币。走到闫步群那里说，你这里有纸，扣 1 个班币。走到姜炎虎那里说，你这里有纸，扣 1 个班币。我分别给他们在"桌洞卫生奖励券"上扣掉了 1 个班币。当同学们发现我在寻找废纸时，他们也飞快地查看自己的周围有没有废纸，然后把废纸快速地捡起来。

我说："大家卫生保持得很好，只有几个同学那里有废纸。"我指着教室后面的卫生厨，说："后面的公共区域，有一片废纸。每人需要扣掉 1 个班币。请你们拿出桌洞卫生奖励券，拿出笔从上面划掉 1 个班币。"

下午，我继续检查，地面上没有出现一张废纸。

激励学生读书

接手一个新班后，我通过观察、调查，发现班里的学生不喜欢读书，他们在学校没有读书的习惯，在家也没有读书的习惯。课间，他们不是在教室里闹，就是在走廊里跑；课上，思维不够活跃。

苏霍姆林斯基说，儿童的学习越困难，他在学习中遇到的似乎无法克服的障碍越多，他就应当更多地阅读……学生学习越感到困难，他在脑力劳动中遇到的困难越多，他就越需要多阅读。

学生不爱读书的问题急需解决。为了引导他们在学校读书，我曾告诉他们："你们下午来到教室后，可以读一下课外书。下午到校后，时间比较充裕。读课外书，有很多好处，一来可以拓宽你们的知识面，让自己拥有更丰富的知识，使自己的视野更开阔；二来还可以提高你的阅读理解能力，读的书越多，你的阅读能力越强。"

我还给他们展示我带上届学生时举办的丰富读书活动，比如读书节、"我与书试比高"等。

索书轩、杨逸轩、马秋雯按照我说的做了，自己带来了课外书，利用下午到校的时间读。其余学生仍旧没动。

我还在家长群里发通知，建议家长多给孩子买书。我问学生，家长给你买书了没有。结果，没有一个学生说家长给自己买书。学校要求自愿征订杂志，我班也就五六个学生订阅，而其他班几乎是人人都订阅。

为了让他们养成在学校读书的习惯，我每天下午会早到教室，先检查值日生打扫卫生的情况，再督促他们读书。一督促就有学生拿出书来读，不督促就没有人读。

基于学生不读书的状况，我对他们说："从明天起，我们班实行每日读书签到制，也就是说大家每天都要读书。每天下午上课前，是大家读书的宝贵时间，因为这段时间比较长，你们可以从家里带课外书来读。管理室内课下纪律的同学负责给同学们签到。你只要坐在座位上看书，就算签到成功。"

我拿着一张签到表，上面有一周五天的日期和全班所有学生的姓名："这是一张签到表，负责签到的同学，发现谁读书了，只需要找到他的姓名并在对应的日期那一栏中打上对钩即可。一开始，连续签到三天可获得一次抽奖的机会，再连续签到五天可获得第二次抽奖机会……"

杨召越，这一周负责室内课下纪律。他拿着签到表和笔，站在讲台上大声喊："都抓紧坐下来读书，我给大家签到啦！"

听到杨召越这一喊，本来还在闹的闫步群马上坐下来，拿起书读了起来。

王孜烨，也拿起了书。

……

原本不读书的学生，逐渐读了起来。一直喜欢读书的索书轩、杨逸轩等同学更是读得起劲。

到了第三天，我一看签到表，好家伙有二十多个学生连续读书三天。

"我们班有二十多个同学连续读了三天书，按照规则要进行抽奖。"

我这一说，他们欢呼起来："太好了！太好了！"

我把奖项用 PPT 投在大屏幕上，让那二十多个学生排队走到电脑前抽奖。

杨逸轩在电脑前犹豫不决。

"点左边，听我的没错。"站在他后面的吕思聪说。

"耶！获得了一张电影票。"杨逸轩说。

轮到吕思聪了，他毫不犹豫，抽哪一个，他心中早就有数了。只见他，把光标移动到大屏幕的左下角，用手一点，出现了两个字——空奖。

"空奖？"他用手用力地拍打了一下自己的脑袋，"倒霉！"

其他同学幸灾乐祸地大笑起来。

……

中奖的学生脸上露出了笑容。

没抽奖的同学看到抽奖的同学在抽奖，羡慕不已。

我说："要想获得抽奖的机会，很简单。只要大家按照规则进行每天读书签到，就能获得抽奖的机会。"班里读书的学生逐渐多了起来。

经过两周的读书签到后，我发现班里读书的学生不仅利用下午到校的时间读，还利用课间时间读。每当课下我去教室转时，总能发现几个读书的身影。

晨读比赛

晨读时，总有学生不愿读，不是在那里发呆，就是在那里写没完成的作业。组长呢，则在收作业……每天的晨读，都是死气沉沉，一点精神头都没有。

虽然跟学生讲过晨读的好处，比如出声读或站起来读可以让自己做到精力集中，还可以提高自己的精气神等，但是无济于事。

为了提高晨读的效率，我让小组之间进行晨读比赛。负责上课纪律的轮值班委站在讲台上，观察每一组的晨读情况。我跟学生讲："每天，我们都要举行小组晨读比赛，晨读结束后结果直接在黑板上呈现。只要是比赛，就有比赛的规则：出现一个不认真读的，扣掉1分，读得特别认真的学生加1分。输的两个组，将会受到惩罚。到底是什么惩罚，我先暂时保密。"

有学生在下面小声讨论着惩罚的方式。

杨依荨是这一周负责课上纪律的轮值班委，晨读时我让她站在了讲台上，告诉她："把每个组的序号写黑板上，然后根据情况或加分或减分。"

李思瀚领读，杨依荨检查。只见杨依荨时而站在讲台上四处张望，观察着全班的晨读情况，时而走下讲台在学生中间转，时而走到不读书的学生旁边提醒，时而在黑板上或加分或扣分。

有了检查，学生读起来更加有劲头，不读的也开始读了。

最后的结果在黑板上一目了然：一组8分；二组6分；三组6分；四组9分。我让杨依荨解释一下几个分数。杨依荨说："二组是因为闫步群、李政霖、李翰东、马瑞轩没认真读扣的分。三组是杨逸轩、刘云杰、王梓涵、贾炜宸没有认真读……"

我说:"结果已经很明显了,二组和三组在这次比赛中输了。下午你们将会受到惩罚。不过,上课时还有机会消除惩罚。"

语文课,刚学完《故宫》,里面有个学习任务,让学生做旅游路线图。在课上,给学生留出二十分钟做旅游路线图,临下课时,进行展示。我说:"想展示的请举手。"一组和四组举手的较多。我看二组和三组只有一两个同学举手,于是说:"先把机会让给二组和三组,只要每组有两个同学上来展示,晨读时的惩罚就取消。"二组同学为了消除惩罚,很积极,李思瀚上台展示,赵君昊也上台展示。我说:"二组由于积极展示,他们的惩罚取消。三组谁上来?"

三组只有杨逸轩举手。他展示完毕后,我问:"还有展示的吗?"没有举手的。我说:"要有两个同学才能帮你们消除惩罚。"杨逸轩推荐刘旭函上来展示:"你上去展示,不展示咱们组就要获得惩罚了。"刘旭函不上来。他又推荐昝庄淇:"刘旭函不去,你去。"昝庄淇也不上来。

下午第三节课,我说:"早上的晨读比赛,二组和三组输掉了,在上课时,二组同学积极上台展示,取消了惩罚。接下来,三组要接受惩罚。对你们的惩罚就是,全组走到教室前面把《草原》这一篇课文读一遍,做到整齐、声音洪亮、有感情。"

他们拿着语文书,走到了教室前面,出声读了起来。

每天晨读,一个学生领读,一个学生检查,结果呈现在黑板上。自从有了晨读比赛,早晨的读书认真了很多。

效应十　霍桑效应——关注后进生

霍桑效应，就是当人们在意识到自己正在被关注或者观察的时候，会刻意去改变一些行为或者是言语表达的效应。

——搜狗百科

霍桑工厂是美国西部电器公司的一家分厂，为了提高劳动生产率向哈佛大学心理专家梅奥进行咨询。1924年11月，以梅奥为首的研究小组进驻霍桑工厂，开展研究。他们选定了继电器车间的六名女工作为观察对象。在七个阶段的试验中，通过不断改变照明、工资、休息时间、午餐、环境等因素，探索这些因素和生产率的关系。但是很遗憾，不管外在因素怎么改变，试验组的生产效率一直未提高。

于是他们改变试验方式，找工人谈话，耐心听取工人对管理的意见和抱怨，让他们尽情地宣泄，两年左右的时间，谈话两万余人次。当工人被抽出来组成一组，进行谈话时，他们意识到自己是特殊的群体，是试验的对象，是这些专家一直关心的对象，这种受注意的感觉使得他们加倍努力工作，以证明自己是优秀的，是值得关注的。结果，霍桑工厂的工作效率大大提高。

当一个人意识到自己被他人关注或注视时，学习和工作的效率会大大增加。因此，班主任在管理学生时，就要多去关注学生，尤其是对后进生的关注，班主任对他们的关注能促使他们改变。

从举手开始

刚接这个班时,我看到语文成绩单上有位学生考了 2.5 分。这个分数着实令我吃了一惊,语文再不行,也不能考这么低啊,我记住了这个学生的名字——郭子涵。

为了认识他,第一节语文课,我就有意提问他。当我喊到他名字的时候,有几个男生笑着面向他。这种笑,带有嘲笑的意思。他个子高高的,坐在教室的后排。他慢吞吞地站了起来,随便说了几句。其他同学哈哈大笑起来。虽然他没有答对,但是我还是表扬了他:"他回答问题声音很洪亮,请坐。希望其他同学在回答问题的时候,也能像他那样洪亮地回答问题。"

从此,每一节语文课,我都会提问他。他的每一次回答,都是在答非所问。很显然,他不会。即便如此,我也表扬他,不是表扬他回答问题声音洪亮,就是表扬他吐字清楚,不是表扬他站姿端正,就是表扬他上课认真听讲。叫起他来的次数渐渐多了,他逐渐地在课堂上开始主动举手了。我在全班表扬他:"现在人家郭子涵进步很大,都能主动举手回答问题了。"此时,全班响起了热烈的掌声。

我问学生:"以前郭子涵,举过手吗?"

杨逸轩说:"他四年来,从来没举过手。这一学期是他四年来第一次举手。"

"只要举手,就说明郭子涵认真听了,没走神。你看咱班那些走神的,肯定没认真听,老师问的什么问题都不知道。"

我这一表扬,郭子涵更高兴了,几乎每节课,都举手,有时居然能够答对。不会的,站起来,也能随便说几句,不至于冷场。

班里几个成绩好的学生，上课从来不举手，即使会，也不举手。

我对索书轩说："你看后面，那一个同学又举手了。"索书轩回头看，郭子涵微笑着，故意把手举得高高，还特意把手晃一晃，别提多高兴了。

"你应该多向郭子涵学习，学习人家主动举手回答问题。"

索书轩把手举起来了。郭子涵高兴了，因为他从我的话里听出了表扬。一般拿后进生与优等生比较，都会说，你看人家学习那么好，向人家学学。这样一比，就比出了后进生的自卑，比出了后进生的伤心。我拿优等生的缺点与后进生的优点比，在比较中增强了后进生的优越感，也激发了优等生的斗志。

每天下午第三节课，我给学生留出时间写每日吐槽。临下课，我会让大家主动走上讲台分享自己写的内容。许多学生都很踊跃，拿着自己写的每日吐槽走到讲台上读。可是从来没见过郭子涵走向讲台读每日吐槽的身影。课堂上，大家都在奋笔疾书，郭子涵不写，因为他不会写，也不知道写什么。他的每日吐槽从来没交。我对郭子涵说："你不写，可以上去说。只要你说了，就不用写，就算完成作业。"他很高兴，却说："我不知道分享什么。"我说："课下，你跟谁玩了，怎样玩的，说一说就可以。"

当余璟雯分享完后，我点名郭子涵上台。

他走上台说："今天下课，我跟马瑞轩在校园里跑。我在前面跑，他在后面追。他跑得太慢了，跑了一个课间都没追上我……"

我说："掌声送给郭子涵，他把自己在课下玩的事说了出来。我们写每日吐槽就是要写自己的生活。你看人家郭子涵的课下生活多快乐。"

第二天分享时，他高高兴兴地举起了手。只要他举手，我就让他上台。

他在讲台上讲着讲着，开始动笔写每日吐槽了，虽然不长，但是已经开始写。他只要写，我就给他盖上小印章，张贴在教室后面的黑板上，进行展示。

写着写着，他开始写起了每周作文，并且还写了长长的一篇流水账。

我把他的作文发表在了班级作文周报上。

他每一天就这样一点一点地进步着……

采纳学生的鬼点子

姜炎虎，每次语文考试最多考二十多分。拼音不会，作业不做，轮值班委不干，上课不听。在班里，也没几个朋友，课下自己玩。"姜炎虎，咱课文听不懂不要紧，你写写生字。"生字他也懒得写。

9月30日，国庆放假。我在黑板上布置完国庆的作业后下课。我正在讲桌上收拾资料，姜炎虎突然跑了过来。平时他很少主动跟我交流。有时，我跟他交流，他就三言两语应付掉。但是，今日不同，他过来一本正经地跟我说："老师，每日吐槽我想到了一个好办法。"我说："你说来听听。""不是游戏吗，每到节日都有活动，咱们的每日吐槽，也可以搞一个活动，就是比一比谁写得多，写得有趣，获胜的就加15个班币。"我一听，眼前一亮，嗬，这个办法好，一般情况是，假期的每日吐槽都写得不怎么好，大部分学生只是应付完事。采用这个办法，最起码能提高他们的积极性。

我说："你这个办法很好，我决定采用。你也得参与啊。"说完，我拍了拍他的肩膀。

他挠了挠头，没有说话。

我猜出了他的心思："怎么？不想写啊？"

"嗯。"

"这可是你想出来的办法啊。"我鼓励他，"写不好不要紧，重在参与。"

下午上课时，我问大家："玩游戏的时候，是不是只要到了节日，游戏都搞活动啊?"大家异口同声地说:"是。"

"姜炎虎替我想了一个办法。也就是我们的每日吐槽,在国庆期间也要搞活动。"

大家很吃惊,没想到姜炎虎会给老师出主意。

"姜炎虎,你说吧。"我让他站起来说。

他说:"就是吧。大家在国庆期间写每日吐槽,开学后比一比谁写得多,谁写得有趣,并且还获得的吐槽值多。同时满足这三个条件的就获胜。平时大家只能获得 5 个班币,可是活动期间获胜的,能获得 15 个班币。"

大家听到一次每日吐槽可以获得 15 个班币后,都非常兴奋。

国庆期间,按照姜炎虎的建议举行活动,大家积极参与,每日吐槽在假期也异常火爆。

国庆节过完,已经有一个月了。一天,上完课,我还没走下讲台,姜炎虎跑过来说:"我又来了。"我知道他来干什么,肯定又是给我出主意,否则他不会主动找我。我故意问:"你又来干啥?""每日吐槽更新啊。""你的每日吐槽更新了?"我故意问他。"不是。咱们班不是有的学生升级不积极吗,你可以奖给他'小种子'(这是我班奖给学生的一种积分)啊。"确实有些学生不主动升级,我一听这个办法好。他在那里跟我讲他的鬼点子,很起劲,但是教室里太吵,没听清他讲了些什么。我把他叫到外面:"来,你出来跟我讲。"他说:"老师,你可以发给他们'小种子'。""'小种子',怎么制作啊?""最简单的就是用 A4 纸,复杂点的就用卡片。""你的这个办法好啊。采用了。"他很高兴。

我想了想,用 A4 纸,多不隆重,于是从淘宝上一搜,有卖积分卡的,便买了积分卡。这样显得正式一点。

姜炎虎的这一招,果然激励了很多学生写作的积极性。

一旦,我在激励学生写作方面遇到困难时,就主动请教他:"你又想出了什么鬼点子,江湖救急,你的那些点子不够用了……"

后来，他还跟我提出 PK 的点子……

姜炎虎的每个鬼点子，不管可行还是不可行，我都采纳，不可行的，我改进后使用，可行的我就直接使用。正是由于我采纳了他的鬼点子，他感觉到自己被老师重视，于是在学习上也逐渐发生了变化，作业开始写了，上课让他怎么学习，他也顺从地学。在期末考试中，他的成绩较以前有了很大进步。

当学生为老师提出点子，老师能立刻采用，就是对学生的一种关注。老师主动向学生寻求建议，也是对学生的一种关注。

无底线发表

唐华阳，一个有点"懒"的学生，从来不愿写语文作业，"因为汉字书写太麻烦"。作文从来不写，即便写，也是写一点，"因为写的字太多"。

他的数学成绩，要比语文成绩好，"因为数字就那么几个"。

作文课上，我让学生写自己以前观察过的一个植物。课堂上，同学们奋笔疾书，而他抓耳挠腮、绞尽脑汁，迟迟不动笔。我走到他身边问："为什么不写？"他回答："我不知道写什么。"于是，我把讲桌上的一盆花搬到他的桌子上，告诉他："仔细观察，看到什么写什么。"他上看看、下看看、左看看、右看看，看了一节课，一个字，也写不出来。对于他，我简直无语了。

即便是这样，对他，我也没有放弃。我努力寻找他在作文上的闪光点，可是他实在没有闪光点可言。周末布置写作文，他从来不写。他自己心里也清楚，即使写了，也不会被发在班级作文周报上。班级作文周报，自己班办，我说了算。好作文可以发，写得不好的作文我也可以给发。

他不写，那我就向他约稿。

我郑重地对他说:"我作为班级作文周报的编辑,现在向你约稿,你能不能写写你家长对你的关怀?"

他说:"我试试吧。"

没想到周一,他交上了一篇作文。

爸妈对我的爱

爸爸妈妈对我的爱有很多。三岁那年的一个晚上,我从家里的沙发上摔了下来,正好撞在茶几的边角上,我的头流了好多血,爸爸妈妈看到地上有血就连忙跑过来!

爸爸妈妈先用纸给我捂住伤口,但是那时我已经大哭了,妈妈忙着给我止血,爸爸急忙打了120,一会儿救护车来了,爸爸把我抱了上去,我被送到了医院,经过包扎和缝合,我的头好了一点,过了整整几个月,我的头伤才完全好。爸妈在救护中一秒也不想离开,他俩在我的病房里一夜没睡,在住院期间每天都在那里陪着我,我感觉真的好幸福!

过了几天,我终于出院了。回到了我往日温暖的家,我感谢爸爸妈妈对我的爱,我爱我的家,我爱爸爸妈妈!

对于四年级水平的学生来说,200多字的作文确实不合格,并且文中有个别语句不通顺。即便如此,我还是在班级作文周报上给他发表了,以此来激励他写作的积极性。

读报课上,我把印刷好的周报发给学生,并说:"唐华阳同学,写了一篇作文,写得还不错,在班级作文周报上发表了,大家一起读一读。"

唐华阳听了心里美滋滋的,那种美都在脸上展现了出来。

第二周,我又向他约稿:"你看你的第一篇作文写得那么好,还在班级作文周报上发表了,这一周你再写一篇。"

令我失望的是,周一,他没有交上作文。

我找到他问:"你写的约稿呢?"

他说:"没写。"

"为什么不写?"

"写不出来。"

他不做作业的老毛病又犯了。

出人意料的是，第三周我在看作文时发现了他写的作文，于是给他盖上"刊用"的小印章。他的作文又在班级作文周报上发表了。

第四周，他又交了上来，还是给他盖上"刊用"印章，又发表了。

只要他交，我就给他盖章、发表。经过多次的录用后，他渐渐写起了作文，并且作文字数越来越多了。一连给他发了四次作文，到了第五次作文，他妈妈把作文发过来，并留下了这样的文字：这次写作字数是历年来之最，作文本写了六页，自己也感到吃惊和自豪，为了节约排版，内心活动的章节有所删减，连续四期登上《酷乐童年》对他也是一种鼓励，会继续坚持，让生活更丰富，素材更充实，写作更成熟。

对于他的作文，不管写得好，还是写得差，只要写，我就给他发，这也可称之为无底线的发表。在持续不断的发表之下，他越写越有自信，越写越拥有写作的动力，越写越愿写，越写越有东西可写。

用日记与他交流

王进，长得人高马大，五年级上学期转学到我班。刚来的第一天，就与花天赐发生了冲突。他每天惹是生非，不是打人就是骂人。我每天都要为他处理各种各样的事故。他犹如一个黑洞，吞噬着我的精力，无论我在他身上付出多少，都无法看到效果。我跟他讲道理，讲多了，他会不耐烦，听不进去。于是，我便采用日记的方式与王进交流。

我要求每个学生写日记，王进虽然调皮，但是还能完成日记的任务。

他在12月26日的日记中写道：

今天，我们的语文作业留得很多很多，也不知道为什么，可能是因为快要期末考试了。老师让我们抓进（紧）复习，才留这么多的作业，唉！！！现在我们班的同学很爱说话，比如今天上音乐课的时候老师刚出去，我们班同学就开始说话，（。）老师一会儿进来说："谁说话站起来。"几乎全班同学都站起来了，只有几个内向的女同学没有站起来。

我回复：

你认识到在课堂上说话是不对的，说明你已经能明辨出在课堂上的是非、对错，也说明你已经逐步地觉醒了。知道了课堂上讲话是不对的就不要去做，如果大家都不做，那么课堂会是宁静的。你也应该体会到管纪律的班委们为了给大家创造一个宁静的学习环境的艰辛。

班里有学生叫他王建。"建"的读音，很容易使人想到"贱"这个字。他不乐意，很生气，背起书包就往教室外面走，幸亏几个学生把他给拦住，拉到了我办公室。我问他："你上哪里去？"他说："我要走，不想在这里上学了。"我问他："怎么回事？"他歇斯底里地说："他们叫我王建。"我安慰他，他的情绪稍微平静了些。

我在他的日记本上，跟他交流名字的问题：

我想跟你谈一下同学们叫你名字的事情。在我国有一位著名的体育评论员、一级播音员，他的名字叫黄健翔。同学们叫你王建的时候，你为什么想象成这个字"贱"呢？难道这个字写在了叫王建名字的人的脸上了吗？为什么不想象你自己和黄健翔这个名人的名字差不多呢？王建是一个多好的名字啊。黄健翔名字里有一个字的发音是"jian"，他若像你一样这样想象的话还不每天都活在痛苦中？

学生利用放学时间，自主排练元旦节目，他留下看同学们的排练。他在日记中这样写道：

今天，下午放学我们的白雪公主剧组排练，吴成龙拿出假发来给我带上，我带上之后连田老师都笑，然后于世杰又说："应该让孙鑫带上。"于是孙鑫又带上了，田老师又拿出相机拍照。

我回复道：

吴成龙，以前不是"惹"过你吗，你若骂、打他的话，还会有这样的剧组活动吗？你还会有更多的友谊吗？同学之间，相互交往时，应该心胸宽阔，不要斤斤计较。若你只知道骂、只知道打，不知道礼让，你不会得到更多的友谊，你若学会了礼让，你会更受同学们欢迎。

第二天就是元旦了，班里有几个男生留下来装饰教室。他在12月30日的日记中写道：

今天，下午放学以后班长留下几个高个子的男同学在班里装饰，一会挂彩带，一会挂拉花、窗花，中间有（又）挂了一个类似球的东西，不一会就挂好了，挂得真好看啊！

我回复道：

是啊，美丽的教室，是靠大家共同来创造的。同样，和谐的教室也靠大家来创造的。美好、和谐的教室也有你的功劳，因为你是这个班级的一员。

他每天都写日记，我每天都会在他的日记本上写上几句表扬他的话，或者与他交流几句。文字是有力量的。在日记交往中，我一点一滴地帮他树立正确的看人看事的观点。他渐渐地乐观起来，能够跟其他同学友好相处。

孩子，你慢慢来

班里有个特殊的学生，名叫小天，我上第一节课就认识了他。

上课时，他低着头，从不抬头，有时还会发出奇怪的声音。这个孩子的独特行为吸引了我。我点名让他读课文，他坐在座位上，仍旧低着头，恐慌而含糊地说："不，不……"我瞧着他的样子，心想这个孩子肯定有问题。

后来我得知，小天患有"自闭症"。人们亲切地把这类孩子称作"星星的孩子"，他们就像天上的星星一样，非常孤独。小天整日生活在自己的世界里，无法去跟其他同学玩耍。他时常做出一些令人匪夷所思的事情，如上课时会发出怪声，打了预备铃会藏到教室门后面去，有时会拿一根绳子把自己的手捆住，有时会学狗叫等。种种奇怪的行为令我头疼，因为有时会影响到我上课。

语文课上，其他同学在那里认真听课。他在那里用手比划着，做出刷牙的动作。先是假装拿着杯子往嘴里倒水，然后漱口，吐掉水，拿着牙刷在那里不停地刷。用眼瞪着我，朝我笑一笑。再往嘴里倒水，漱口，吐水……反复进行着。

在课下更是问题不断。

课间操，同学们站好了队，他在我的面前比划着，伸着胳膊，说是在做操；有时，还会拽女生的辫子，或者推女生一下……

我要与他在一起生活两年，该怎么办？我尝试着去接近他。上课时，我走到他身边，俯下身子问他，这个字会读吗？他不敢正视我，还故意躲着我。课下，我主动靠近他和他说话。谁知，他见了我很紧张，与其说紧张，倒不如说是害怕。尝试几次，就失败几次，我对他渐渐失去信心，便渐渐地忽略了他。

龙应台在《蝴蝶结》一文中这样写道："我愿意用上一辈子的时间，让他从从容容地把这个蝴蝶结扎好，用他五岁的手指。"是的，孩子的成长需要时间。

为彻底弄清他的状况，我对他进行了家访。他爸爸终于向我敞开了心扉，小天患有自闭症，为给他治病花掉了家里所有的积蓄并且现在负债累累。目前，他们家仍住在单位上世纪 80 年代盖的房子里。为了帮助小天完成学业，他爸爸每天晚上在家给他辅导作业……

我被他爸爸的执着精神感动了，在回去的路上，心想：作为教师，我不应该放弃他，我应该尽自己最大努力去帮助小天成长。

我不曾遇到过这样的孩子，没有什么经验，便摸着石头过河了。

首先，从发现他身上的闪光点开始。他每次抄写的词语盘点都很认真。我便在课堂上对他进行表扬，并向同学们展示了他的作业。同学们看到他的作业后，便鼓起了掌。这一表扬使他有了自信，也使同学们对他有了一个新的认识。班级元旦联欢会上，同学们表演了很多精彩节目，都处于兴奋状态。我突然对大家说："下面有请小天，上台为大家表演节目。"全班目光齐聚小天身上，掌声与欢呼声四起。小天何时曾受过如此"待遇"，立马从座位上起来，张牙舞爪地在教室内跑了一圈，所到之处惊讶声一片。顷刻间，小天把班内的气氛搞得更火热起来。这哪是在表演节目，分明是胡闹，我问同学们："小天，表演了什么节目啊？"有的学生说："猫捉老鼠。"我接着说："谁愿意上来跟小天一样表演猫捉老鼠？"许多男生举起了手，众多猫和老鼠在班内开战了。

我和小天相处的时间久了，他对我再也没有了恐惧感。有时会主动问我一些问题，"老师，明天的作业是什么？""老师，明天端午节放假吗？"他虽不能与他人进行完整的对话，但像这样简短的问话，对他来说已是一个巨大的进步。这样的进步是何等的难能可贵。

六年级下学期，是他进步最大的一个学期。为了锻炼他，我给他在走廊内安排了卫生区，轮到他时，就会有同学喊他去干值日，他若不干，会有同学替他干，其实，在六年级下学期之前他从来没有干过，可是，到了六年级下学期他却主动拿起拖把干了起来，每次都会保质保量地完成值日。为此，马嘉蔚还在国旗下演讲中特意表扬小天干值日认真，称他为我们班"美丽"的学生。他不但惹女生的次数越来越少了，反而关心起了女生。一次，小柯因为一件小事哭了，他走上前摇着她的肩膀，安慰说："小柯，你怎么了？"小柯很感动，在日记里写道："没想到，今天小天居然关心了我，我真感动！"

有一次，班内换新课桌。同学们把旧课桌搬到了教室外面后，地上满是纸屑，同学们都在一旁站着说话，没有一个去打扫。小天看到后，跑到我面前说："老师，打扫卫生吗？"我听到后，有些惊讶与兴奋，说："对！"他立马跑到教室后面，拿起装满垃圾的垃圾桶，飞快地跑了出去。其他同学看到后，也干了起来。

小天的进步，不仅表现在品行、交往与劳动上，还表现在学习上。六年级下学期的期中测试，他的语文与数学都破天荒地及格了，比有的学生考得还要高，其中语文考了七十多分。我把喜讯在第一时间用短信发给了小天爸爸，他回复："衷心感谢老师们！"虽只有七个字，但分量很重。

发表扬信

老师对孩子的表扬经由家长的口传递给孩子，表扬的力量就会更强大。

新学期刚开学，姜炎虎的抄写作业都能完成，每日吐槽虽写得不多，但在课上也能写完。这对他来说已经是一个很大的进步了。

每次考试，他总是不及格，语数英三科成绩加起来，还不如班内成绩好的同学一门学科的分数多。每次期末考完试，姜炎虎妈妈都会问成绩。面对如此低的分数，家长也不知该如何去帮助他。每次开家长会，他家长看到我后总会问，老师，姜炎虎就是不认真学习，你说咋办？我从家长的话语中看出了她的焦虑和无奈。

我为了帮他把基础知识掌握好，只能每天给他布置一点基础性的作业，比如读读生字和课文，听写一下词语等。但是，这些，他也不做。我问他："这些作业为什么回家不做？"他说："自己不会读。"我说："你不会，可以问你家长啊。"他说："家长也不会读。"他的语文基础很差，有的拼音也不认识。

这一学期，刚开始，姜炎虎就有一种很认真的学习态度，很难得。只要学生端正了学习态度,早晚都能赶上。为了激励他,保持住他的学习劲头,我写了一封表扬信,发给了他家长。

表扬信

姜炎虎家长:

　　您好!

　　姜炎虎,自开学以来,每天的日记能按时完成,学习态度比较端正,抄写类作业也能及时上交,进步较大,特此表扬。

田老师
4月5日

　　我上午发给他家长,晚上收到了家长的回复:感谢老师的教导,我在家也继续进行教育。

　　第2天,我看到他乐滋滋的,便问:"昨天晚上,你家长表扬你了吗?"

　　他看着我,什么也没说,只是用力地点了几下头。

　　"被表扬的感觉怎样?"

　　他笑着说:"美!"

　　"那就让这种美,推动你继续前行。"

　　每次期末考完试,贾轶可妈妈问了成绩后,总是对孩子的成绩不满意,总会说,怎么考这么少啊。其实,贾轶可考得并不糟糕,只是家长对孩子的期望值比较高,孩子没达到她的期望值而已。开学后,贾轶可跟我说,她妈妈给她买了很多试卷,假期让她做。

　　班里举行"阅读理财",她自愿参与了,坚持一周,理财成功了,赎回了本金10个班币,并且还获得了10个班币的收益。为了激励学生参与"理财",我在班里给"理财"成功的学生举行抽奖。贾轶可抽到了"美言"。"美言"就是把学生表现好的一面告诉给家长。

　　我把她近期的表现发给了她家长:

表扬信

贾轶可家长：

　　您好！

　　贾轶可同学，近来，学习比较认真，能坚持做阅读理解，并且还赚了很多班币。特此表扬！

田老师
4月20日

　　她妈妈回复道：感谢老师，费心了，我会监督她继续坚持的。

　　第二天，我问她："家长表扬你了吗？"

　　她高兴地说："表扬了。"

　　大多数家长，只看到自己孩子的缺点，每天盯着孩子的缺点，天长日久，就出现了焦虑。家长的焦虑，就影响了孩子的学习。当老师把孩子的优点和进步告诉家长后，家长就会对自己孩子充满自信，也会看到孩子的希望。老师的表扬经由家长的口传递给孩子，表扬就会被放大，那种表扬的力量会更加强大，会促使孩子对自己更加自信。

奖励进步学生

　　过去的一学期，班里发生了几件不愉快的事——往同学衣服上涂画，拿他人东西，等等。

　　新学期，开学第一天，我们异常忙碌，发新书、领卫生工具、布置开学事宜、开班会。我对学生说："新的学期，我们一起回顾一下，上学期班里发生了哪些愉快的事情？"

　　"自从田老师教我们后，郭子涵在田老师的鼓励下，上课开始认真听讲，主动举手回答问题，进步了很多。"杨逸轩说。

"我觉得马瑞轩也进步了很多。"闫步群说。

"在足球比赛中，我们班得了第二名。"杨召越说。

"我们创办了班级作文周报，同学们的写作积极性提高了很多。"索书轩说。

"班级举行的各种活动，比如拍卖会、跳蚤市场、班级银行等，吸引了同学们，同学们在活动中有很多收获。"郭珂嘉说。

……

"是啊，同学们讲的这些都是上学期的进步，都是上学期愉快的事。我们应该祝贺这些进步的同学，我们也应该向这些同学学习。让我们把掌声送给他们。"

我接着说："我们班不但发生了好的事情，还发生了一些不好的事情。那么，上学期发生了哪些不愉快的事呢。"

他们沉默着……

我补充说："在说不好的事情时，不要直接说出那个同学的名字，只说事情就可以。"

"班里多次发生丢东西事件。"李超群说。

"有同学往其他同学衣服上涂画。"杨依荨说。

"还有的同学因为不遵守纪律受了伤。"李可馨说。

"还有同学多次给班级扣分。"曹胜瑞说。

……

我说："上学期，因违反纪律而受伤的，请起立。"

马瑞轩、杨逸轩主动站了起来。马瑞轩，课下，被闫步群故意绊倒，头磕在了桌子角上，磕破了。杨逸轩下楼梯，一步迈好几个台阶，踩空了，扭伤了脚。

"在同学衣服上涂画的，请起立。"

李超群、常家硕主动站了起来。

"给班级扣分的,请起来。"

李思瀚、闫步群、刘瑞泽主动站了起来。

我逐一把站着的学生的名字记了下来。

我知道,还有的学生没站起来。我没有批评那些主动承认错误的学生,而是说:"让我们用掌声向这些同学表示祝贺,祝贺他们敢作敢当的勇气。还有的同学做过以上事情,但是缺乏站起来的勇气。"

我对他们说:"在上学过程中,每个人都会无意犯错,犯错并没有什么大不了的,只要勇于承认,并加以改正就行。如果这一学期,站起来的同学能改掉这些错误,说明他们取得了很大的进步,那么,期中测试后,我会给他们每人发一张奖状。但是,如果这期间又犯了相同的错误,或者犯了更严重的错误,则没有奖状。"

在以后的学习生活中,我时刻关注这部分学生的行为,只要他们在行为习惯上有点进步,我就表扬。这一学期,类似的事情,确实少了很多,甚至有的行为再也没发生过。

期中考试结束,要对前半学期进行一下总结。我首先对在学习上取得优秀和进步的学生进行表扬,每人一张奖状。然后又对在行为习惯上取得优秀和进步的学生进行表扬。

"同学们,还记得刚开学时我说的奖励吗?"

"记得。"他们齐声说。

"他们以前的错误,这一学期又犯了吗?"

"老师,闫步群给班里扣了一分。"

"李思瀚也给班里扣分了。"

我说:"没有犯错的同学请上台,每人获得一张奖状。"

我开始给他们颁奖:

"请马瑞轩、杨逸轩上台,这一学期他们遵守班规班纪,没有发生意外事故。

"请李超群、常家硕上台,他们没有再往其他同学身上涂画。

"请刘瑞泽上台,他这一学期没有给班级扣分。

"让我们用热烈的掌声祝贺他们,希望他们在下半学期中继续努力。"

我继续说:"每个人都会犯错,我们每半个学期对犯错并主动承认错误、改正错误的同学进行奖励,奖励他主动承认的勇气,奖励他能够改正错误行为。"

后记

在一间教室里，折腾

　　罗永浩，是个爱折腾的人，做过英语老师、创办过网站、创办过锤子科技公司、开过直播……他写了一本书，叫《生命不息，折腾不止》。

　　2010年，我参加工作，走上了教师岗位，教了语文，做了班主任。教师这个职业，可以一眼望到头，也就是说从你入职的第一天起，就能看到你职业生涯的最后一天是什么样的，因为教师这个职业太稳定。或许，这就是许多人，尤其是女生选择教师这一职业的原因吧。

　　有的教师，因为工作出色，被提拔为学校领导，也有的教师有梦想、有追求、有抱负，也成为了学校领导。教师当了领导，其职业生涯也便增加了筹码和光彩。我深知自己能力有限，于是便只想当个语文老师，把学生教好；做个班主任，把班级管好。有位同事听我这样说时，便语重深长地教导我，年纪轻轻的要有理想有抱负。我听后，只是腼腆地笑了笑，不知说什么好。

　　小学里，男教师少，在他人眼中如果男教师不混个领导，似乎就没什么出息。然而，我却认为在教学和班级管理中做出点名堂来，也算有出息。从参加工作起，我就不想过一眼望到头的生活，更不想用昨天来重复今天，最起码得做出点名堂来，对自己的职业生涯有个交代，于是我把自己的班级当作试验田。从讲座或者书籍中，学到了什么好的管理措施、好的教学策略，就在教室里实践；头脑中产生了什么好的想法、好的思考，就在教室里探索……在实践和探索过程中，有成功，也有失败。成功了，我把它写下来；失败了，我也把它写下来。我的教室我管理，我就在一间属于自己的教室里这样折腾着。2020年，是我参加工作的第十年，也是做班主任的第十年。当了十年班主任,我折腾了十年。折腾来,折腾去,没想到折腾出了一套行之有效的班级管理措施,我把做法稍加整理,出版了一本书《班级管理中的"经济学"》。

  2010年,我第一次当班主任时,做了五年级二班的班主任。说来也巧,十年之后,也就是2020年,我又接了一届学生,还是做了五年级二班的班主任。在这个班,我继续用经济学理念来管理班级。为了优化、升级班级管理措施,我一边实践,一边阅读,一边探索。慢慢的,我发现经济学定律、经济学法则、经济学效应等,不但与我们的生活联系密切,而且与班级管理联系也极为密切。班级中的有些问题,完全可以用经济学效应来解决。比如,刚接手一个班,我利用广告效应,为自己和任课教师做广告,很快赢得了学生的信任和家长的支持;为了使学生尽快清理完"罚单",我利用阿尔巴德定律,抓住学生过元旦的需求,促使学生快速清理完"罚单"……经过两年的探索,总结出了班级管理中的"十大效应"。

  教师这一职业,相对于其他职业来说,算是相对稳定的。这也就注定,作为教师不可能有罗永浩那样跌宕起伏的人生。但是,我们也应像罗永浩那样去折腾一番。因为只有折腾,才会让自己的职业生涯变得有意思、有意义,才会在自己退休时,做到"不因虚度年华而悔恨,也不因碌碌无为而羞耻"。

  感谢管建刚老师,在我整理书稿过程中,给予了无私的帮助和指导。

  感谢五年级二班的学生,在我们两年的短暂相处中,给予了我班级管理的灵感,让我能思考出一个个新颖的班级管理措施。

田希城

修改于2023年,初夏